Elisabeth Manke

Kakteen – Sukkulenten

Die Deutsche Bibliothek –
CIP-Einheitsaufnahme
Ein Titeldatensatz für diese Publikation ist bei Der Deutschen Bibliothek erhältlich.

Bildnachweis:

Becherer 2 l, 2 r, 4/5, 9 u, 12, 14/15, 16, 17, 22/23, 26, 27, 28 ol, 28 or, 28 u, 29 u, 29 o, 30, 31, 34/35, 39, 41, 42, 43 l, 43r, 45, 46, 47, 52, 53, 54/55, 57, 58, 59, 66, 70 u, 71, 77, 81, 83, 86 l, 92 l, 95, 98/99
Busek 2/3, 3, 8/9, 9 o, 10, 10/11, 19, 35, 36/37, 44 l, 48/49, 49, 50, 56/57, 61, 63, 70 o, 74/75, 76, 78 o, 78 u, 80, 82 u, 84, 88, 90
Eisenbeiss 25, 38, 40, 56, 60, 62 o, 64/65, 68/69, 72/73
Henseler 13, 18, 32/33, 55
Lenz 62 u
Redeleit 44 r
Schmied 54, 65, 67 o, 67 u, 86 r, 91
Strauß 6/7, 20/21, 23, 24, 38/39, 51, 76/77, 79, 82 o, 84/85, 85, 87, 89, 92 r, 93, 94

2. Auflage, Sonderausgabe

Umschlaggestaltung: Studio Schübel, München
Umschlagfoto: Franz Becherer

Druck: J. P. Himmer, Augsburg
Bindung: Conzella Urban Meister, Pfarrkirchen

Gedruckt auf chlorfrei gebleichtem Papier

Printed in Germany ·
ISBN 3-405-16292-0

Ein Wort zuvor

Seit jeher erfreuen sich Kakteen als Zimmerpflanzen großer Beliebtheit. Sei es, weil sie pflegeleicht sind, sei es, weil sie mit ihrer Blütenschönheit geradezu überraschen – oftmals sogar dann, wenn man sie vernachlässigt hat. Dies ist mit keiner anderen Zimmerpflanze möglich. Die Kakteenfamilie ist – nicht zuletzt dank ihrer Artenfülle – nicht zu schlagen.
Auch ihre Formenvielfalt, ihr Farbspiel und ihre bizarren Dornen, die manchmal als dichte, feine Behaarung erscheinen, manchemal als starre, aufrechte und ebenso auffallende »Säulen«, machen diese Familie so bemerkenswert.
Gewiß aber ist eines: Kakteen brauchen in der Regel wenig Platz. Schon das Fensterbrett nimmt eine ganz stattliche Zahl dieser Gewächse auf.
Zudem »lehren« Kakteen wie kaum eine andere Pflanze Geduld. Denn es dauert ewig, bis man bei den meisten Arten Veränderungen, also Spuren des Wachstums, überhaupt wahrnimmt. Doch so verschwenderisch Kakteen mit der Zeit umgehen, so sparsam sind sie im Verbrauch von Wasser, frischer Erde und Dünger. Faktoren, auf die andere Pflanzen – mangelt es an ihnen – sofort mit deutlichen Signalen reagieren. Bei Kakteen merken wir immer erst, wenn es zu spät ist, daß ihnen etwas fehlte – und sei

es auch noch so wenig. Kakteen brauchen Pflege wie alle anderen Pflanzenfamilien, wenn dies nicht so sichtbar ist. Oder besser gesagt: Kakteen brauchen eine andere Pflege als die meisten Zimmerpflanzen.
Auch wenn sie als wahre Überlebenskünstler berühmt sind, so sollte man Kakteen, will man Freude an ihnen haben, das zukommen lassen, was sie benötigen. Gewiß: Kakteen nehmen es nicht übel, wenn sie einmal 14 Tage ohne Pflege auskommen müssen, aber gut tut es ihnen auch nicht.
Mit diesem Büchlein wird, entsprechend der Gattung und der Art, ein Ratgeber für die Pflege und Haltung von Kakteen als Zimmerpflanzen vorgelegt.

Nichts belohnt einen Kakteenliebhaber mehr, als die Blütenpracht seiner Pflanzen.

Was sind Kakteen?

Kakteen sind eine Pflanzenfamilie, die man schlichtweg als Dickblattpflanzen bezeichnen kann. Sie haben allesamt – natürlich in außerordentlich vielen Varianten – fleischige dicke Blätter oder Sproßachsen. In ihnen speichern sie Wasser und verbrauchen es sehr sparsam. Auf diese Weise überleben sie lange Trockenperioden ohne Schwierigkeiten. Zwar sehen Kakteen nach diesen Zeiten nicht mehr prall und frischgrün aus, sondern schrumpeln regelrecht zusammen. Aber dennoch erleiden sie keinen Schaden, sondern können sich wieder erholen.

Der Zimmergärtner beobachtet dieses Phänomen alljährlich im Winter, wenn die meisten Kakteen ihre Ruhezeit durchmachen. Dann müssen sie nahezu trocken stehen, allerdings dürfen die Überwinterungsräume nicht warm sein, wenige Grad über Null reichen oftmals völlig aus. Hierbei hat jede Art eigene Temperaturansprüche (siehe *Porträts*).

Die Dickfleischigkeit, als Sukkulenz bezeichnet, ermöglicht den Pflanzen auch während der Winterruhe das Überleben. In dieser Zeit bilden sich auch ihre Blütenanlagen.

Stehen Kakteen (die meisten Arten zumindest) in dieser Zeit nicht kühl und trocken, so kommen sie nur schlecht zum Blühen.

Kakteen haben außerdem zum Schutz vor Verdunstung eine dicke Wachsschicht und ein Dornenkleid, das sie vor den Schäden starker Sonneneinstrahlung bewahrt.

Kakteen sind Blütenpflanzen, die sehr unterschiedlich aussehen können. Einige haben die Form einer Kugel und bleiben mit einem Durchmesser von 1 bis 2 cm winzig, es gibt aber auch Kakteenkugeln, die mehrere Tonnen wiegen. Andere bilden bis zu 20 m hohe Säulen oder sehen aus wie stark verzweigte Bäume mit gewaltigen Kronen. Wieder andere haben schlangenartige Triebe. Viele Kakteen wachsen zu breiten Polstern oder undurchdringlichem Dickicht aus.

Die meisten von ihnen sind mit scharfen, oftmals sehr dekorativen Dornen ausgestattet. Bei einigen erkennt man gar nicht, daß sie Dornen besitzen, weil diese inzwischen zu Blättern oder anderen Sproßteilen umgewandelt wurden. Andere besitzen ein weiches, wolliges Haarkleid.

Entgegen dem üblichen Sprachgebrauch haben Kakteen Dornen und Rosen Stacheln, nicht umgekehrt. Das ist ganz einfach zu erkennen: Versucht man, mit einer Pinzette einen Dorn von einem Kaktus abzuziehen, mißlingt es, es sei, man wendet Gewalt an. Der Grund: Dornen gehören zum eigentlichen Pflan-

Wie vielgestaltig das Dornenkleid von Kakteen sein kann, zeigen diese Kakteensammlung (links) sowie zwei Details: *Mammillaria pectinifera*, der Asselkaktus (oben) und *Ferocactus latispinus*, die Teufelszunge (unten).

zenkörper. Sie sind nämlich umgewandelte Zweige, Blätter, ja sogar Wurzeln und deshalb fest mit der Pflanze verwachsen. Stacheln dagegen bilden sich nur aus der Oberhaut *(Epidermis)* einer Pflanze und sind nicht mit dem darunterliegenden Gewebe verbunden, sie lassen sich leicht abbrechen. Man kann diesen Versuch bei Rosen leicht nachvollziehen.

Woher kommen Kakteen?

Die etwa 3000 Kakteenarten stammen allesamt vom amerikanischen Kontinent. Lediglich Vertreter der Gattung *Rhipsalis* gibt es auch im tropischen Afrika.

Das Verbreitungsgebiet der Kakteen reicht von 56° nördlicher Breite bis 52° südlicher Breite. Dieses riesige Areal umfaßt etwa 12 Millionen km². Es reicht von den Rocky Mountains in

In den Trockengebieten Südarizonas und im Nordwesten Mexikos wächst der Riesentonnenkaktus, *Ferocactus emoryi* (ganz links). Ein anderer Riese ist der Säulenkaktus *Carnegia gigantea*, der ebenso in Arizona und Mexiko vorkommt (links).

Kanada über den ganzen amerikanischen Kontinent hinweg bis nach Patagonien in die Nähe der Magalhaes-Straße.
Kakteen wachsen vor allem in Steppen, in Halbwüsten und in Wüsten. Relativ wenige Gattungen kommen in den feuchten Küstenregionen vor, z. B. einige Melokakteen auch epiphytisch – also auf Bäumen – lebende Vertreter in den feuchten Gebirgen Südmexikos und in den brasilianischen Regenwäldern. Manche Kakteen leben in der Ebene, andere jedoch – und das sind die meisten – sind ausgesprochene Berglandbewohner; sie sind in den Anden Perus, Boliviens und Chiles in Höhen bis zu 4800 m zu finden.
Auch die Bodenarten, auf denen Kakteen gedeihen, sind unterschiedlich: Vom feuchten Humus des tropischen Regenwaldes über den Lehmboden der Steppen und der Wälder bis zum Sand und Geröll der Wüsten und Gebirge reicht die Palette.
Die meisten Kakteen sind im Süden von Texas, im Süden New Mexicos und in Arizona sowie in Südkalifornien zu Hause. In diesen Staaten gibt es weite Wüstengebiete und Halbwüsten voller Kakteen. Die Temperaturen reichen dort von über 40 °C bis – kurzzeitig – zu Minus-

Im Hintergrund Säulenkakteen und im Vordergrund Sukkulenten – beide bilden eine attraktive Pflanzengemeinschaft, wenn sie zusammen als Garten oder Park angelegt wurden.

graden. Diese überstehen die betreffenden Kakteen, weil es in dieser Zeit trocken ist. Um harten Winterbedingungen begegnen zu können, schrumpfen die Pflanzen. Der Zellsaft der Pflanzen wird konzentriert, sein Gefrierpunkt vermindert sich.

Der Pflanzenkörper ist so geschrumpft, daß der Zellsaft, falls er gefriert, noch genügend Platz zum Ausdehnen hat, ohne daß die Pflanze Schaden nimmt. Denn eine Pflanze erleidet meist erst dann irreparable Schäden, wenn ihre Zellwände reißen. Dies ist auch der Grund, warum Kakteen, die bei uns kühl, zumeist um 5 bis 10 °C überwintern, relativ trocken stehen sollten. Jedoch spielt in unseren Regionen auch noch die geringe Lichtintensität in den Wintermonaten eine Rolle für die Ruhepause, abgesehen davon, daß diese Phase für die Blütenvorbereitung nötig ist.

Wohl kaum eine andere Pflanzenfamilie hat sich so erfolgreich in erdgeschichtlich kurzer Zeit, an die unterschiedlichsten Bedingungen angepaßt. Von Kakteen gibt es keine Fossilien (wie bei *Farnen* und *Palmen*), man schätzt das Alter der Kakteen sehr jung ein: etwa 20.000 Jahre.

Nach Europa gelangten Kakteen durch die Entdeckung Amerikas. In einigen Kräuterbüchern, z. B. von Tabernaemontanus waren bereits im 16. Jahrhundert Kakteen abgebildet. Der große schwedische Pflanzensystematiker Linné (1707–1778) hat in seinem Werk »Systema naturae« die Kakteen als eine Gattung *Cactus* benannt.

Linné waren damals 20 Arten bekannt. Heute ist die Namensgebung nach wie vor ein Problem, weil es im Laufe der Jahrhunderte, vor allem ab dem 17. Jahrundert, zu vielen neuen Entdeckungen kam. Das Interesse an diesen fremdländischen Pflanzen wuchs ungemein. In Frankreich und Deutschland kam es Mitte des 19. Jahrhunderts zu einem raschen Aufschwung der Kakteenkunde. Die Entdecker waren zumeist auch die Namensgeber und so gibt es bei Kakteen viele, auch in der Fachwelt gültige Namen nebeneinander. Wir wollen uns hier an die Pflanzensystematik von Zander halten.

Im 20. Jahrhundert kam der große Ansturm auf die Kakteenwelt. Botaniker und Pflanzensammler, z. B. Backeberg bereisten und erforschten Amerika. Eine Fülle neuer Kakteenarten wurde gefunden. Damit wuchs auch die Kenntnis über die Lebensbedingungen dieser variantenreichen Familie. Sicherlich kann man diesen Pflanzen nicht immer die gleichen Bedingungen wie am Heimatstandort geben. Dies ist auch gar nicht notwendig, weil sich Kakteen auf wunderbare Weise ihrer Umwelt relativ rasch anpassen. Sie zählen eben zu den Überlebenskünstlern im Pflanzenreich. Wir sollten nur nicht die grundsätzlichen Wünsche einer Gattung oder einer Art außer acht lassen: Licht, Wärme im Sommer und relativ wenig Feuchtigkeit, Kühle und Trockenheit im Winter.

Diese Leitlinien sind allerdings kein Universalrezept, sie variieren von Art zu Art. Denn es gibt auch Kakteen, die durchaus viel Feuchtigkeit verlangen und im Winter warm stehen sollten. Auch sind nicht alle sonnenliebend.

Für eine erfolgreiche Kakteenpflege ist es daher wichtig, genau zu wissen, welche Gattung bzw. welche Art auf dem Fensterbrett steht. In den Porträts finden Sie die nötigen Informationen.

Opuntia **bildet in ihrer Heimat dichte Hecken mit vielen schmackhaften Früchten.**

Was Kakteen zum Leben brauchen

Licht

Von den Bedingungen in ihren Heimatregionen kann man ableiten, daß Kakteen viel Licht und volle Sonneneinstrahlung benötigen. Doch dies ist nur die halbe Wahrheit. Denn ähnlich wie bei den Palmen, haben nur ältere Pflanzen diese extrem hohen Lichtansprüche.
Sämlinge und junge Pflanzen keimen und gedeihen im Schatten größerer Kakteen auf jeden Fall besser.
Deshalb ist die volle Mittagssonne im Sommer nicht die richtige Antwort auf die Kenntnis über den Heimatstandort der Kakteen.
Zwar mögen es Kakteen hell und vertragen auch Sonne, doch sollte man den Standort je nach Gattung und vor allem Jahreszeit verschieden gestalten. Das ganze Jahr über halbschattig mögen es zum Beispiel *Gymnocalycium*-Arten, *Copiapoa* und *Echinofossulocactus.* In ihrer Heimat haben diese Gattungen einen zwar hellen, aber dennoch nicht vollsonnigen und vor allem luftigen Standort.

Viel Licht brauchen Kakteen, deshalb sollte man sie direkt ans Fenster stellen.

Dies alles soll jedoch nicht zu der Annahme führen, daß Kakteen auf einmal Schattenpflanzen seien. Mitnichten. Sie sind und bleiben – gemeinsam mit anderen sukkulenten Pflanzen – unsere sonnenverträglichsten und sonnenliebendsten Zimmerpflanzen.

Ganz sicher gibt es kaum eine Pflanzengruppe, die wir so unbedenklich dem Licht aussetzen können, wie die Kakteen. Ihre starke Wachsschicht und ihr Dornenkleid schützen sie vor Verbrennungen. Dennoch gibt es eine Jahreszeit, die den Kakteen gefährlich sein kann: Im zeitigen Frühjahr ist die Lichtfülle so immens, daß man die Pflanzen erst langsam an den neuen Standort gewöhnen sollte. Nur stundenweise »Sonnenbäder« sind angesagt. Dünnes, durchscheinendes Seidenpapier schützt die Pflanzen dann vor Verbrennungen, die häßliche braun-rötliche Flecken hervorrufen. Vor allem in den Mittagsstunden, wenn die Kakteen direkt am Fenster in südlicher Himmelsrichtung stehen, sollte man die Pflanzen leicht schattieren. Im Sommer hingegen sind fast alle Kakteen dankbar für einen Platz im Garten. Sie kräftigen sich und gehen abgehärtet in den Winter.

Die Faktoren Licht, Wasser, Temperatur und Nährstoffe müssen in harmonischem Einklang miteinander stehen. Fehlt das eine, so ist es nicht durch die anderen zu ersetzen. Es wäre also grundsätzlich falsch, wenn man versuchen würde, an kühlen, sonnenarmen Sommertagen die Blühwilligkeit unserer Kakteen durch mehr Dünger oder gar mehr Wasser zu erhöhen. Die Folgen wären Fäulnis und Abwerfen der Knospen. Hier

Reicht das Tageslicht nicht aus, kann mit einer Lampe zusätzlich künstliches Licht gegeben werden.

kann künstliches Licht Abhilfe schaffen, obwohl Zusatzlampen bei Kakteen auf Dauer kein Ersatz für Sonnenlicht sind. Insgesamt kann gesagt werden, daß Kakteen viel Licht benötigen. Da sie jedoch in der Regel wegen ihrer kleinen Töpfe auf das Fensterbrett gestellt werden, sollte man immer bedenken, daß das Fenster wie ein Brennglas auf die Pflanzen wirken kann, vor allem, wenn sie sehr dicht an der Scheibe stehen. Daher ist ein Rollo auf jeden Fall zu empfehlen. Und im Sommer fühlen sich Kakteen auf dem Balkon oder im Blumenkasten vor dem Fenster ebenso wohl. Ein zusätzlicher Regenschauer und Lichteinwirkung ohne die Fensterscheibe sowie viel frische Luft tun ihnen gut. Ihre Pflanzenkörper und ihre Dornen färben sich intensiver und entwickeln sich besser als die jener Kakteen, die nur als »Stubenhocker« gehalten werden.

Wasser

Kakteen bestehen zu etwa 85 bis 90 % ihres Gewichts aus Wasser. Das Körpergewebe der Kakteensprosse wird durch relativ große, aber dünnwandige Zellen gebildet. Sie haben vor allem die Aufgabe, Wasser zu speichern. Dieses »Wassergewebe« prägt auch das Äußere der Pflanzen: Sie haben eine dicke Gestalt und ein fleischig-saftiges Aussehen. Deshalb bezeichnet man Kakteen auch als Stammsukkulenten. Das Wassergewebe kann sich – je nach Füllung – auseinander- oder zusammenziehen.

Diese botanischen Merkmale der sukkulenten Pflanzen machen ihre vorzügliche Anpassung an extrem trockene Standorte aus. Außerdem besitzen Kakteen weniger Spaltöffnungen als die meisten anderen Pflanzengruppen, so daß ihre Transpiration, daß heißt, die Verdunstung von Wasser ebenfalls eingeschränkt wird.

Trotzdem Kakteen Wasser speichern können, benötigen sie in der Hauptwachstumszeit, also vom Frühjahr bis zum Spätsommer, Wassergaben. Wenngleich ein Kaktus nicht gleich signalisiert, daß er am »Verdursten« ist, so wächst er natürlich entschieden besser, wenn er mit Wasser versorgt wird. Doch sollte man erst dann wieder gießen, wenn das Substrat völlig ausgetrocknet ist – dann aber reichlich. Kakteen faulen leicht, besonders am Stammgrund. Empfehlenswert ist daher, die Substratoberfläche mit einer feinen dränierenden (wasserführenden) Schicht aus Kiesel oder Sand zu versehen. Auf der Substratoberfläche, in der Nähe des Stammansatzes sollte sich niemals stehendes Wasser befinden. Sowieso werden die meisten Kakteen »totgegossen«. Sie dür-

Um Fäulnis am Wurzelhals zu verhindern, werden Kakteen meistens von unten gegossen.

Auf solch einem kleinen Tisch finden viele Kakteen Platz; die aufgelegten Grobkiesel lassen die Topfränder verschwinden und geben der Sammlung den Charakter einer Landschaft.

fen nicht, wie vergleichsweise eine Azalee oder ein Alpenveilchen, ständig feucht stehen! Das ideale Gießwasser ist gutes Trinkwasser oder auch Regenwasser aus ländlichen Gebieten. Kakteen reagieren empfindlich auf zu hartes Wasser, der Wert sollte weit unter 10 Grad deutscher Härte liegen. Die Wasserhärte gibt den Anteil der Kalzium- und Magnesiumverbindungen im Wasser an. Auch eine schwach saure Reaktion des Wassers (pH 6,5 etwa) wird von den Kakteen mit Wuchsfreudigkeit belohnt.

Der pH-Wert läßt sich durch Torf, am besten durch Weißtorf, selbst absenken, indem man eine kleine Menge Torf in einem nicht zu dichten Stoffbeutel über Nacht in einen mit Wasser gefülltem Eimer hängt. Der Torf ist für eine zweite Prozedur aber unwirksam.

Das Gießen der Kakteen ist an sich gar nicht so schwierig. Nur sollte man sich immer vor Augen halten, daß sie zwar auch über Sommer Trockenzeiten gut überstehen, sie aber gar nicht mögen. Auch muß man in Betracht ziehen, daß Kakteen ihr Wasser ausschließlich über die Wurzeln aufnehmen, im Gegensatz zu anderen Pflanzen, die sich auch über die Blätter versorgen können.
Vorsicht ist beim Gießen nach der winterlichen Trocken-Ruheperiode angesagt.
Denn auch die Wurzeln müssen sich nach der relativen Trockenphase an die normalen Bedin-

gungen gewöhnen. Sie bilden rasch viele feine Faserwurzeln, die schon nach wenigen Wochen das Wasser wieder aufnehmen und weiterleiten können.
Auch sollte man vorsichtig beim Gießen sein, wenn die Pflanze direkt am Fenster steht. Dann stets mit einer Gießkanne, die eine schlanke Tülle besitzt, gießen, damit der Pflanzenkörper nicht benetzt wird. Es bilden sich sonst häßliche Brandflecken, denn Wassertropfen wirken wie ein Brennglas und die Sonne kann dem Kaktus beträchtlich schaden.
Vorsicht ist auch angebracht bei fein behaarten Gattungen, wie *Cephalocereus*. Hier führt das Wasser auf dem Pflanzenkörper und auf dem wolligem Dornenkleid zu bräunlichen Verfärbungen, die nicht schön aussehen.
Über die Gießmenge, die man in den Wintermonaten verabreichen sollte, finden Sie Informationen im Kapitel »Kakteen im Winter«.

Temperatur

Kakteen, den meisten zumindest, kann es im Sommer nicht warm genug sein.
Dennoch sollte man bedenken, daß auch die Lichtverhältnisse und die Wassergaben stimmen. Das heißt, bei viel Wärme und viel Licht muß man auch relativ reichlich gießen. Pflanzen sind Lebewesen und daher von ihrer Umwelt und deren Bedingungen abhängig. So wie wir bei Hitze auch mehr Durst haben und entschieden mehr Flüssigkeit brauchen, so ergeht es auch den Pflanzen.

Kakteen brauchen im Sommer viel Wärme und Licht, wenn sie so gesund aussehen sollen.

Das Gleiche gilt für die Temperaturbedürfnisse: Junge Pflanzen, Sämlinge, frisch Veredelte oder jung bewurzelte Stecklinge, benötigen es auf jeden Fall etwas wärmer als ältere, abgehärtete Exemplare. Dies trifft übrigens auch für das Winterquartier zu. Doch auch bei hohen Wärmeansprüchen sollten wir nicht außer acht lassen, daß Kakteen viel Frischluft benötigen. Deshalb über Sommer die meisten ruhig in den Garten oder auf den Balkon stellen, auch wenn es nachts kühler ist. Das bekommt ihnen auf jeden Fall gut, sie haben dann genügend Widerstandskraft und werden nicht so rasch von Krankheiten heimgesucht.
Dieser hohe Bedarf an Frischluft ist bei Kakteen deshalb wichtig, weil sie damit ihre auf ein Minimum beschränkte Transpiration und Atmungsaktivität ausgleichen. Durch die frische Luft können sie besser das notwendige Kohlendioxid aus der Luft aufnehmen.

Düngung

Noch vor Jahren war man der Meinung, es reiche aus, Kakteen alle paar Jahre mit frischem Substrat zu versorgen. Die Notwendigkeit der Düngung stritt sogar die Fachwelt ab. Inzwischen ist man anderer Meinung. Sicherlich ist es richtig, daß Kakteen, verglichen mit anderen Pflanzengruppen, außerordentlich lange von ihrem Substrat zehren. Und bedenkt man ihre heimatlichen Bedingungen, so ist diese Tatsache auch nicht weiter verwunderlich.
Kakteen haben äußerst empfindliche Wurzeln, deshalb ist beim Düngen mit großer Sorgfalt vorzugehen. Niemals bei praller Sonne düngen, denn es könnte sein, daß die Sonneneinstrahlung zum Auskristallisieren der Nährsalze führt, was wiederum starke Wurzelschäden zur Folge hätte. Auch darf natürlich in der Ruhezeit, wenn nur wenig gegossen wird, überhaupt nicht gedüngt werden. Die günstigste Zeit zum Düngen ist von Mai bis Anfang August.
Eine wesentliche Voraussetzung ist die Verwendung von Kakteen-Spezialdünger. Dieser enthält – entgegen anderen handelsüblichen Düngern – weniger Stickstoff. Ein Zuviel an Stickstoff würde bei Kakteen zu dicker, fleischiger, aber »schwacher«, nicht widerstandsfähiger

Masse führen. Die Pflanzenmasse wird unnötig vermehrt. Der Dünger sollte Phosphor enthalten, dies bewirkt reichlicheres Blühen. Kalium erhöht die Widerstandskraft der Pflanzen gegenüber Krankheiten und trägt zur Festigkeit des Gewebes bei. Calcium ist verantwortlich für den Aufbau der Zellwände. Fehlt es, kann die Pflanze eingehen. Letztlich sollte dieser Kakteenspezialdünger auch noch Magnesium enthalten, denn Magnesium ist ein zentraler Baustein des Blattfarbstoffs Chlorophyll, das wiederum bei der Photosynthese eine wichtige Rolle spielt.
Kakteen sollte man im Abstand von drei Wochen düngen. Am besten ist Flüssigdünger geeignet, er erleichtert den Wurzeln die Nährstoffaufnahme. Trotzdem ist es wichtig, Kakteen nur dann eine Düngergabe zu verabreichen, wenn das Substrat gut durchfeuchtet ist.

Frisch umgetopfte Kakteen, auch Kakteenstecklinge oder Sämlinge sollten nicht gedüngt werden.

Ich dünge meine Kakteen das letzte Mal im August, damit sie ausgereift, ohne zarte junge Triebe ins Winterquartier gehen. Den Nährstoffmangel mache ich im Frühjahr durch ein Umtopfen wieder wett.

Gedüngte Kakteen haben gegenüber den Pflanzen, die nicht ausreichend mit Nährstoffen versorgt wurden, ein deutlich besseres Aussehen. Ihr Wachstumsschub ist unübersehbar, ihr Dornenkleid ist prächtiger ausgefärbt und die Blühwilligkeit steigert sich. Aber nur, wenn ausreichend Licht und Wärme sowie Feuchtigkeit vorhanden sind, sollte man Kakteen düngen. Erst bei einem ausgewogenem Verhältnis aller Wachstumsbedingungen kann man eine erfolgversprechende Düngung erwarten.
Noch etwas: Bei der Konzentration des Düngers ist es besser, sie etwas schwächer zu wählen, als bei anderen Pflanzen. Denn hier ist ein Weniger auf jeden Fall mehr.

Auch Kakteen müssen manchmal gedüngt werden, hierbei sollte man aber einen stickstoffarmen Dünger verwenden.

Kakteenpflege leicht gemacht

Der richtige Platz

Kakteen werden wohl immer das Fenster als ihren Platz favorisieren. Im Zimmerinneren wird die Lichtintensität nicht ausreichen, es sei denn, man sorgt für Zusatzbelichtung. Da Kakteen auch schon als kleine Pflanze interessant sind, reicht tatsächlich oftmals das Fensterbrett aus. Doch auch hier entscheidet das Lichtbedürfnis: Je bereifter und behaarter oder bedornter der Kaktus ist, umso näher kann man ihn an die Fensterscheibe rücken, je mehr Blattgrün er zeigt, desto seltener sollte man ihn der direkten Sonne aussetzen. Die blaubereiften Kakteen besitzen einen natürlichen Wachsschutz gegen die Verdunstung. Stark geformte, gerippte Kakteen schattieren sich durch ihre Ausbuchtungen zeitweilig selbst. Reicht das Fensterbrett nicht aus, so kann man es leicht verbreitern oder durch Konsolen ein sogenanntes Fensterregal bauen. Hierbei ist wichtig, daß die Kakteen dennoch frische Luft bekommen. Je dichter sie an der Glasscheibe stehen, umso mehr muß für ausreichende Belüftung gesorgt werden.

Eine Vitrine, direkt in Fensternähe ist auch für Kakteen geeignet. Doch wird sich hier noch ernsthafter das Problem nach frischer Luft stellen. Frischluft ist allerdings nicht zu verwechseln mit Zugluft – diese ist für die Pflanzen schädlich!
Als Kakteenfenster eignet sich sogar ein Fenster in südlicher Richtung, wenn man für eine leichte Schattierung in den Mittagsstunden sorgen kann.
Ein Unterschied besteht noch zwischen ländlichen Gebieten und den Städten, denn hier kommt die Sonneneinstrahlung wesentlich reiner als in städtischen Regionen zur Wirkung. Dort ist das Licht durch die Abgase von Verkehr und Industrie diffuser.
Über Sommer können fast alle Kakteen ins Freie, dort haben sie das nötige Licht und vor allem frische Luft.

Im Sommer gefällt es den meisten Kakteen im Freien besonders gut.

Einige Hilfsgeräte, wie diese Zange, braucht man wegen der Dornen, wenn die Kakteen umgetopft werden.

Zusammenfassend gilt: Im Zimmer eignet sich jeder Platz für einen Kaktus, sofern er nicht zugig ist oder sich die Luft staut und der vor allem genügend Licht bietet. Nordfenster sind also ungeeignet.

Will man unbedingt eine kleine Kakteenlandschaft in einer Vitrine ansiedeln, so sollte man ein Gefäß mit einer großen Öffnung, zum Beispiel ein Aquarium, wählen, um den erforderlichen Luftaustausch zu gewährleisten.

Substrat und Umtopfen

Kakteen brauchen vor allem ein gut durchlässiges **Substrat**, das heißt, man kann ganz normaler handelsüblicher Blumenerde etwas sauberen Sand untermischen und hat die richtige Kakteenerde. Allerdings sollte man vorzugsweise Erde nehmen, die keinen oder nur sehr wenig Torf enthält. Gute Erdhersteller bieten Varianten mit Kokos oder ähnlichem an, um dem Torfraubbau entgegenzuwirken. Auch sollte die Erde nicht zu stickstoffreich sein. Die sogenannte Geranienerde ist als Ausgangssubstrat durchaus gut geeignet. Allerdings gibt es schon Spezialmischungen für Kakteen fix und fertig zu kaufen. Diese sind teurer, aber auch außerordentlich gut für das Gedeihen unserer Kakteen.

In der Regel werden Kakteen alle zwei Jahre im Frühjahr nach der Winterruhe in frisches Substrat gesetzt. Beim **Umtopfen** sollte das Gefäß nur wenig größer sein. Kakteen brauchen sehr unterschiedliche Gefäße und Töpfe. Manche sind Flachwurzler und kommen daher mit ebenso flachen Schalen aus. Andere wiederum besitzen lange, rübenähnliche Wurzeln und benötigen daher einen tiefen und schmalen Topf. Dann gibt es Kakteen, beispielsweise *Mammillaria*, die in Gruppen besonders gut wachsen und deshalb nicht auseinandergetrennt werden sollten. Separates Eintopfen würde ihre Wuchsfreudigkeit hemmen.

Kakteenwurzeln wachsen relativ langsam, aus diesem Grunde schadet ihnen ein zu häufiges (z.B. mehrmals im Jahr) Umtopfen mehr als daß es ihnen nutzt. Beim Umtopfen muß man einige Regeln beachten, die speziell bei Kakteen und Sukkulenten doch anders sind als bei anderen Zimmerpflanzen. Zum ersten braucht man für die meisten dieser dornigen Pflanzen Handschuhe, sonst würde man sich verletzen. Besonders gefährlich ist es, wenn Kakteen mit kleinen Widerhaken, wie zum Beispiel *Opuntia microdasys*, umgetopft werden. Die feinen Dornen sehen so weich und sanft aus, können aber eitrige Entzündungen in der Haut hervorrufen.

Ich nehme zum Umtopfen auch eine zusammengerollte Zeitung oder einen dicken Lappen als Hilfe. So habe ich mit der linken Hand den Kaktus »voll im Griff« und mit der rechten kann ich dann die Arbeit ausführen.

Mit zusammengefaltetem Papier läßt sich eine dornige Pflanze problemlos anfassen.

Der Topf mit der Pflanze wird vorsichtig auf der Tischkante rundherum geklopft, damit sich das Substrat lockert. Im neuen Topf befinden sich auf dem Topfboden einige gebrochene Tonscherben, um die Wasserführung zu erleichtern. Auch etwas Sand an dieser Stelle kann die Drainage begünstigen.

Dann füllt man nur wenig von der frischen Erde hinein und hält die Pflanze in die Mitte des Topfes, so daß sich ringsherum die Erde leicht anfüllen läßt. Kakteen werden nur wenig angedrückt. Säulenkakteen sollte man mit kleinen Stäbchen einen Halt geben. Im Gegensatz zu anderen Zimmerpflanzen braucht man Kakteen nun nicht anzugießen, sondern läßt sie einen Tag so stehen, erst dann folgt das Gießen.

Um den Kaktus leicht herauszubekommen, topfe ich erst um, wenn das Substrat völlig trocken ist. Auf diese Weise läßt sich die alte Erde aus den Wurzeln leicht herausschütteln, ohne daß feine Faserwurzeln verletzt werden.

Die frisch umgetopften Kakteen sollten zugluftsicher, warm und relativ feucht gehalten werden. Eine Beobachtung habe ich gemacht: Mehrtriebige Kakteen müssen häufiger umgetopft werden, als einfache Säulen- oder Kugelkakteen. Auch die anderen sukkulenten Pflanzen oder Blattkakteen topfe ich jedes Jahr um.
Ein Kaktus darf übrigens nicht zu tief eingetopft werden! Er schlägt an seinem Sproß nicht aus, wie etwa eine Weide, sondern beginnt unweigerlich zu faulen.
Es geht allerdings auch ohne Erde. Kakteen gedeihen in der **Hydrokultur** genauso gut wie in Erde.
Will man Kakteen, die bisher in Erde wurzelten, in Hydrokultur umsetzen, so muß aus den Wurzeln jeder noch so kleine Erdkrümel entfernt werden. Am besten geschieht dies unter einer lauwarmen Brause. Dann werden die Kakteen in das Haltesubstrat eingetopft wie Kakteen in Erde. Bei allem muß man vorsichtig zu Werke gehen, um so wenig wie möglich die Wurzeln zu verletzen.

Eine Auflage aus Steinen auf dem normalen Substrat beugt Fäulnis am Wurzelhals vor, weil das Wasser gut abläuft.

Das Haltesubstrat kann normales Hydrokorn aus Ton sein, auch Plastkügelchen oder Kieselsteinchen sind geeignet. Hauptsache, es enthält keine pilzlichen oder anderen Erreger und gibt der Pflanze wirklich Halt. Im äußeren Topf befindet sich normalerweise die Nährlösung. Sie sollte man aber in den ersten 14 Tagen durch reines Wasser ersetzen, bis sich die Pflanze an die neuen Bedingungen gewöhnt hat. Erst dann beginnt man mit anfangs einer schwachen Düngerlösung, nach weiteren 2 Wochen kann man die Lösung mit mehr Nährstoffen anreichern. Wichtig ist, daß der Wasserstand bei Kakteen niemals zu hoch ist, sonst kann es leicht zur Stengelfäule kommen.
Über Winter braucht man keinerlei Nährstoffe hinzuzufügen, er reicht, wenn das Haltesubstrat alle 2 Wochen mit etwas Wasser begossen wird, um die Wurzeln nicht gänzlich austrocknen zu lassen.

Kakteen selbst vermehrt

Das Vermehren von Kakteen ist an sich nicht so kompliziert oder schwierig, wie man oft denkt. Man sollte nur, wie stets bei Kakteen üblich, die notwendige Geduld mitbringen. Denn Kakteensamen ist nicht zu vergleichen mit Kressesamen, es dauert eine ganze Weile, bis er keimt.

In sauberen Sand werden die Samen ausgesät. Am besten gleich beschriften, weil Kakteensämlinge sich in er der ersten Zeit sehr ähnlich sehen.

Aussaat

Die **Aussaat** ist die üblichste Methode, Kakteen zu vermehren. Man bedient sich ihrer bei fast allen Kakteenarten und -gattungen. Allerdings ist man bei einigen besser beraten, wenn man den Kaktus durch Stecklinge vermehrt, weil man dann rascher zu blühenden Exemplaren kommt. Welche Methode für welche Art geeignet ist, finden Sie im Abschnitt »Kakteen im Porträt«.

Was benötigt man alles, um erfolgreich Kakteen auszusäen? Als erstes natürlich Samen, den man im Fachhandel erhält. Dann am besten eine flache Aussaatschale, etwas sauberen Sand und eine Glasscheibe, die man über die Schale legen kann. Kakteensamen braucht zum Keinem nicht nur lange Zeit, sondern auch ein sogenanntes Mikroklima, das heißt, viel Wärme und eine hohe Luftfeuchtigkeit. Beides geben wir ihnen mit dem Abdecken der Saatschale.

Wann ist der beste Zeitpunkt, auszusäen? Günstig ist es, wenn man im April mit der Aussaat beginnt, weil dann die Tage bereits mehr Sonnenlicht zeigen und die Temperaturen steigen. Die Keimlinge wachsen in die warme Zeit hinein.

Kakteensamen sind sehr fein, deshalb sollte man das Aussaatsubstrat vor dem Aussäen feucht halten, dann kann der Samen nicht so leicht wegfliegen. Die kleinen Samen werden nicht mit Erde bedeckt. Nur die Samenkörner von *Opuntia*, die wesentlich größer sind, bekommen eine feine, gesiebte Abdeckschicht. Nun ist es wichtig, daß die Samen Etiketten bekommen, denn noch lange nach dem Auflaufen lassen die Keimlinge nur schwer erkennen, welche Kakteenart sie eigentlich darstellen.

Schnellkeimende Arten besitzt die Gattung *Astrophytum*, sie keimen bereits nach 5 Tagen. Bei manchen Opuntien dauert es aber oft 5 Wochen, bis sich die ersten Keimlinge zeigen.

Ist dies der Fall, so sollte die Glasplatte öfters angehoben werden, um Fäulnis vorzubeugen, denn die kleinen Sämlinge sind sehr empfindlich. Man legt einfach ein Brettchen hochkant zwischen Scheibe und Schale und kann so für die notwenige Frischluft sorgen. Stoßen die Pflänzchen gar an die Scheibe an, ist es an der Zeit, diese gänzlich wegzunehmen.

Jetzt werden sie sicherlich auch zu dicht stehen, so daß wir sie **pikieren** sollten. Das Pikieren ist das Vereinzeln der Pflänzchen und sollte sehr behutsam vorgenommen werden. Die wenigen zarten Wurzeln dürfen dabei nicht beschädigt werden. Als neues Gefäß verwenden wir am besten wieder eine Schale – ganz gleich aus welchem Material –, nur sollten jetzt Abzugslöcher vorhanden sein. Auch kann das Substrat etwas nährstoffreicher als das Aussaatsubstrat sein. Dafür mischen wir einfach feine, gesiebte Humuserde zu gleichen Teilen mit Sand und haben nun die Pikiererde.

Beim Vereinzeln von Kakteen benötigt man eine Pinzette, die nicht zu scharfkantig sein sollte und eine Pikiergabel. Aus einem Holzetikett bastelt man sich diese Gabel selbst, indem man an der schmalen Seite einen kleinen spitzen Einschnitt macht. Mit der Pinzette greift man die Keimlinge vorsichtig und schiebt nun die Pikiergabel unter den winzigen Pflanzenkörper. Auf diese Weise hebt man die Pflanze aus dem feuchten Aussaatsubstrat und setzt sie in die Pikiererde, in der man zuvor ein Loch gebohrt hat. Nun werden die Keimlinge warm, zugluftsicher und feucht gehalten. Sie müssen vor allem sehr hell stehen, ohne jedoch der prallen Mittagssonne ausgesetzt zu sein. Hier hilft zum Schattieren schon ein Stück Seidenpapier.
Die frisch pikierten Kakteen sollten nur langsam an die Sonne gewöhnt werden. Auch frische Luft mögen sie nun. Sobald man den Eindruck hat, daß der Platz zwischen den Kakteen zu eng wird, sollte sie man ein weiteres Mal pikieren. Das Substrat kann um einiges mehr Humusstoffe enthalten, denn je größer die Pflanze wird, umso mehr entwickelt sie Wurzeln und um so reichhaltiger sollte die Erde sein. Wie bei den Sämlingen ist weiterhin darauf zu achten, daß die kleinen Pflanzen warm stehen und mehr gegossen werden als große Kakteen. Auch das Winterquartier sollte sich etwas von dem der »Erwachsenen« unterscheiden. Es sollte mäßig warm (um 10 °C) und auch etwas feucht gehalten werden. Meist haben sich die Kakteen so gut entwickelt, daß wir sie schon im Frühjahr in separate Töpfe setzen können. Wichtig beim Eintopfen ist eine Schicht aus Scherben, Kies oder Split, die für eine bessere Wasserführung sorgt.

Ich stelle meine pikierten Kakteen den ganzen Sommer über ins Freie an einen geschützten Platz. Wenn keine Sonne scheint, brause ich sie einfach ab, das tut ihnen gut und sie wachsen reichlich.

Beim Pikieren helfen ein alter Stift und eine Pikiergabel.

Stecklinge

Kakteen lassen sich auch einfach aus Stecklingen vermehren. Manche Gattungen bilden eine Vielzahl von Nebentrieben, die man als Stecklinge verwenden kann, andere teilt man einfach. Wichtig bei der Stecklingsvermehrung ist ein scharfes und sauberes Messer, damit der Schnitt so glatt wie möglich ausgeführt werden kann. Denn nur dann bilden sich ausreichend und gleichmäßig Wurzeln. Der Schnitt wird nicht an der schmalen unteren Stelle ausgeführt, sondern mitten am breiten Sproßteil, das noch nicht verholzt sein darf. Stecklinge werden dann gewonnen, wenn der Kaktus »voll im Saft« steht, das heißt, der Termin der Stecklingsvermehrung dürfte am besten in den ersten Sommermonaten liegen.
Nach dem Schnitt wird die Schnittstelle ganz dünn mit

Der Stecklingsschnitt muß mit einem sauberen und scharfen Messer ausgeführt werden (links). Die Stecklinge werden an der Luft getrocknet, allerdings können sich im Liegen Seitenwurzeln bilden (rechts).
Erst nach einigen Tagen werden Stecklinge in die Erde gesteckt (unten).

Holzkohlepulver eingepudert, um Fäulnis vorzubeugen. Jetzt darf man die Stecklinge auf gar keinen Fall, wie bei allen anderen Zimmerpflanzen, in feuchte Erde stecken, die Kakteen würden nicht bewurzeln und schlicht und einfach verfaulen. Kakteen brauchen mehrere Wochen, damit die Schnittstelle an der Luft trocknet! Hierbei ist es wichtig, daß die Schnittstelle nach unten zeigt, also sollte man die Stecklinge senkrecht aufstellen (notfalls abstützen). Stehen sie schief, werden sie auf jeden Fall krumm. Liegen sie, bilden sich aus dem Sproßteil an der nach unten weisenden Seite Wurzeln und nicht aus der Schnittstelle. Auch sollte das Gefäß von unten durchlöchert sein, damit an die Schnittstelle genügend Luft kommt, sonst trocknet sie nicht ausreichend ab und fault. Kakteen beginnen in dieser Zeit des Abgeschnittenseins auf der Suche nach Feuchtigkeit und Nährstoffen mit der Wurzelbildung. Auch wenn sich noch keine Wurzeln zeigen, kann man die Stecklinge nach dem vollständigen Abtrocknen in den Topf setzen. Das Substrat sollte entweder aus einer guten Mischung von Humuserde und Sand bestehen, oder man verwendet einfach Kakteenspezial-

erde. Wichtig ist auch hier wieder eine Drainschicht auf dem Topfgrund, um Fäulnis zu vermeiden. In der ersten Woche noch nicht gießen und den Topf auch nicht in die pralle Sonne stellen. Aber warm sollte der junge Kaktus auf jeden Fall plaziert werden, auch darf die frische Luft nicht fehlen.
Schon nach einigen Wochen werden wir merken, daß der Kaktus weiterwächst und nun das erste Mal gedüngt werden sollte.

Pfropfen

Es gibt aber auch Kakteengattungen, die schlecht Wurzeln bilden, langsam wachsen oder nur schwer unter unseren Zimmerbedingungen zum Blühen kommen.
Ihnen gibt man eine »Wachstumshilfe« in Form einer Unterlage. Man **pfroft** oder **veredelt** den Kaktus einfach. Auf einer höheren Unterlage gepfropft,

Die Schnittfläche der Unterlage zeigt deutlich die Gefäßbündel

wächst mancher Kaktus doppelt so schnell und am Wurzelhals erkrankte oder beschädigte Pflanzen können auf diese Weise noch gerettet werden. Es gibt auch Arten und Sorten, die nur mit Unterlagen wachsen, zum Beispiel die farbigen Formen von *Gymnocalicium mihanovicii* f. *rubra.* Die günstigste Zeit liegt, wie bei allen Vermehrungsmethoden, in den Sommermonaten bei trockenem und vor allem warmen Wetter. Als Pfropfunterlagen sind schnellwüchsige Säulenkakteen geeignet, zum Beispiel Arten von *Cereus.* Sie dürfen allerdings nur wenige Seitentriebe bilden. Als technische Hilfsmittel braucht man ein dünnes und scharfes Messer, eine Pinzette, Gummiringe und einen Lappen.
Der Schnitt wird an der Stelle der Unterlage angesetzt, an der der frischgrüne Vorjahrestrieb beginnt. Er erfolgt nun ziehend vom Heftansatz zur Schneide des Messers waagerecht durch die Unterlage und sollte etwa im oberen Drittel der Unterlage liegen, in ungefähr 5 cm Höhe. Die oberen Areolenringe (siehe Botanisches ABC) der Unterlage können abgekantet werden, um das Austreiben in diesem Bereich zu verhindern. Dann den Pfröpfling mit seiner ebenso frischen Schnittstelle auf die Unterlage so auflegen, daß die Leitgefäßbündel beider Kakteen zusammentreffen. Ein leichtes Drehen und Drücken beseitigt die Luftbläschen an der Schnittfläche. Der gesamte Vorgang muß rasch und bei peinlichster

Der Pfröpfing wird fest auf die Unterlage aufgesetzt und mit Gummiringen fixiert

Sauberkeit erfolgen. Das Messer wird nach jedem Schnitt gereinigt und abgetrocknet. Zur Desinfektion kann es auch in eine Alkohollösung getaucht werden. Befestigt wird alles mit Gummiringen. Zuerst einen Gummi unter den Topf ziehen, dann den Ring über die Pflanze spannen und ihn vorsichtig auf den Pfröpfling gleiten lassen.
Je Pflanze möglichst zwei Ringe kreuzweise verwenden.
Die veredelten Kakteen werden nun bei etwa 25 bis 30 °C an einen trocknen, luftfrischen, nicht zu sonnigen Platz gestellt. Die Schnittflächen dürfen die nächsten zwei Wochen nicht mit Wasser in Berührung kommen. Danach kann man die Gummiringe zerschneiden.

Krankheiten und Schädlinge

Im allgemeinen sind Kakteen als sehr widerstandsfähig gegenüber Krankheiten und Schädlingen bekannt. Dies stimmt aber nur teilweise. Kakteen reagieren nicht so rasch auf Kulturfehler oder Krankheiten und Schädlinge wie andere Zimmerpflanzen, man bemerkt den Schaden zumeist erst dann, wenn es zu spät ist. Dieser Zeitraum geht über Monate, so daß man oftmals der Meinung ist, die Pflanze habe »ausgedient« und ihre Schuldigkeit getan. Auch sind die gefährlichsten und hartnäckigsten Krankheiten und ihre Erreger, zum Beispiel **Spinnmilbe, Rote Spinne** und **Wolläuse** oft nicht so leicht zu erkennen.

Dennoch bleibt es dabei, daß Kakteen schon ein wenig robuster sind als exotische Pflanzen aus dem tropischen Regenwald. Auch bin ich der Meinung, daß das A und O eines vorbeugenden Pflanzenschutzes die richtige Pflanzenhaltung ist. Es genügen die Grundkenntnisse über die Bedürfnisse einiger Arten, um im Prinzip nichts verkehrt zu machen. Denn eine durch und durch mit ihrer Umwelt im Einklang stehende Pflanze wird selten oder nur schwer einem Erreger zum Opfer fallen. Geschwächte und verweichlichte Pflanzen haben dagegen keine Chance. Oftmals geht der sogenannte Kulturfehler, zum Beispiel zu nasses Substrat, sofort über in eine entsprechende Krankheit, wie die **pilzliche Stengel- oder Fußfäule.**

Das wichtigste ist also, daß wir unsere Kakteen kennen und uns nur die als Zimmerpflanzen halten, denen wir auch die ihnen genehme Behandlung bieten können. Es kommt aber ein Aspekt hinzu, der nicht unerwähnt bleiben soll: Jedes Lebewesen – somit auch jede Pflanze – gewöhnt sich bis zu

Lichtmangel und einen zu warmen Winterplatz signalisiert dieser Säulenkaktus mit seinem dünnen Austrieb.

einem gewissen Grade an seine Umgebung, deshalb darf man nicht zu verwundert sein, wenn beispielsweise ein Kaktus, der gar nicht kühl und trocken stand, trotzdem zum Blühen kommt. So etwas hat es schon gegeben. Das soll nur belegen, daß wir es bei Pflanzen mit veränderlichen Lebewesen zu tun haben und daß es an uns liegt – bei Beachtung der Grundbedürfnisse jeder Pflanze, diese gesund und kräftig zu halten. Da, wie bereits oben erwähnt, die Krankheit nicht plötzlich vehement ausbricht und ihre Folgen erst nach langer Zeit zu sehen sind, sollte man sich seine Kakteen jede Woche einmal genau ansehen. Oftmals reicht das menschliche Auge nicht aus, daher sollte man eine Lupe zur Hilfe nehmen, um die kleinen Gespinste oder ähnliche Veränderungen wahrzunehmen.

Ein Tip für Kinder: Gerade Euch dürfte es wohl Spaß machen, mit der Lupe die Kakteen jede Woche einmal zu untersuchen. Vielleicht entdeckt Ihr Dinge, die sonst nicht da waren?

Die sogenannten **Kulturfehler** sind also oftmals die ersten Auslöser für eine Krankheit, sie sind aber in den Anfangsstadien reparabel. Stehen Kakteen im Winter warm und feucht, bilden sich dünne, hellgrüne Triebe, die

Woll- und Schmierläuse sind zwischen Kakteendornen zu sehen. Sie treten meist dann auf, wenn die Kakteen im Winter zu warm stehen.

sich deutlich vom sonstigen Pflanzenkörper unterscheiden. Gibt man ihnen die entsprechenden richtigen Bedingungen, bleibt immer ein dünneres Mittelstück sichtbar. Dies ist besonders bei Säulenkakteen zu beobachten: Jede Wachstumsstörung -auch fehlende Feuchtigkeit oder Nährstoffmangel – wird mit Veränderungen im Dickenwachstum beantwortet.

Die sogenannten **Stengel-, Wurzel –** oder **Sproßfäulen** sind oftmals nur die Folge von zuviel Nässe im Topf oder auch vom zu tiefen Einsetzen der Pflanze in die Erde. Hier siedeln sich bald Pilze an.

Brandflecken sind ganz einfach Signale des Nichtvertragens direkter Sonneneinstrahlung. Hier hilft schon ein leichtes Schattieren. Vielleicht sollten Sie auch den Standort dieser speziellen Kakteengattung überprüfen. Auch sollte man niemals den ganzen Pflanzenkörper gerade dann abbrausen, wenn er in der Sonne steht. Wassertröpfchen wirken immer wie kleine Brenngläser und potenzieren die Wirkung der Sonneneinstrahlung.

Lichtmangel hat die gleichen Erscheinungsbilder bei Kakteen wie zuviel Wärme und Feuchtigkeit im Winter: Die Triebe werden hell, fast gelblich, bleiben schwach und dünn. Auf ihrer Suche nach Licht wachsen sie rascher als sonst und sind natürlich sehr schwach.

Wärmemangel führt zu Wachstumspausen, wenn nicht gar zum Absterben der Pflanzen, wenn sich als Folge auch noch pilzliche Erreger erfolgreich ausdehnen können. Dies gilt natürlich nicht, wenn die Pflanzen ihre Ruhepause haben. Dann »ruht« ja im wahrsten Sinne des Wortes das Wachstum, weil gleichermaßen Feuchtigkeit und Licht minimiert sind. Nur, wenn Kühle einhergeht mit viel Wasser, kommt es unweigerlich zu Schäden.

Die **pilzlichen Krankheiten** erkennt man zumeist an dem grauschimmligen Belag auf der Oberseite der Pflanzen. Allerdings sind Fäulniserscheinungen am Stengelgrund und an den Wurzeln auch die Folge von Pilzkrankheiten. Oftmals können sich auch bei den Sämlingen in der Aussaatschale pilzliche Erreger breit machen. Hier hilft nur ein vorsichtiges Entfernen der befallenen Pflanzenteile oder der ganzen Pflanze. Dabei sollte man vorsichtig vorgehen, weil die Pilze Sporen haben, die leicht auffliegen und dann der Weiterverbreitung dienen. Größere Kakteen kann man retten, indem man im gesunden Gewebe einen scharfen Schnitt ausführt und die Pflanzenkörper veredelt oder pfroft.

Haben sich Pilzkrankheiten eingestellt, liegt das zumeist an der mangelnden Frischluft, an zuviel Nässe oder an mangelnder Wärme. Auch alle drei Faktoren zusammen können hier die Ursache sein. Deshalb sollte man Kulturbedingungen überprüfen und schnell Abhilfe schaffen. Kakteenstandorte, an denen Pilzkrankheiten festgestellt wurden, werden sauber gereinigt, um eventuelle Sporen, zum Beispiel an der Fensterscheibe, zu beseitigen.

Bei den **tierischen Schädlingen** stehen zweifellos **Läuse** an erster Stelle. Mitunter werden die Pflanzenkörper gelblich, schrumpfen und wachsen gar nicht weiter. Dann können **Woll-** und **Schmierläuse** die Ursache sein. Man erkennt sie an ihrem weißlich wolligem Gespinst, in ihm befinden sich die Eier der Wolläuse. Die braungrauen Läuse stechen die Pflanzen an und saugen ihren Saft aus. Sie treten vor allem dann auf, wenn die Kakteen im Winter zu warm stehen. Besonders an den Achseln oder an den Areolen sind sie zu finden. Als erstes sollte man die Läuse absammeln und die Gespinste mit einem in Speiseöl getauchten Pinsel betupfen. Auf diese Weise ersticken wir die Eier und die Läuse. Danach sollte man den befallenen Kaktus vorsichtig mit einer schwachen Seifenlösung abwaschen.

An den Wurzeln sitzen oftmals ähnliche Gespinste, die auch ähnliche Schadbilder zeigen. Dies sind aber **Wurzelläuse.** Man entdeckt sie beim Austopfen. Die alte Erde wird restlos entfernt. Unter einer Brause werden auch die letzten Erdkrümelchen weggespült. Nun wird die Pflanze in frische Erde eingetopft, nachdem man auch den Topf gründlich gesäubert hat. Stehen mehrere Pflanzen in einem Gefäß, muß man natürlich alle Pflanzen reinigen, auch wenn man den Eindruck hat, daß nur eine Pflanze befallen wurde. Es ist sehr wichtig, daß man sorgfältig vorgeht, denn die Wurzelläuse haben wurzelähnliche wachsartige Gespinste, die man leicht mit feinen Faserwurzeln verwechseln kann. Andererseits ist es nicht angebracht, gesunde Faserwurzeln zu entfernen.

Schildläuse sind ebenfalls an Kakteen zu finden, sie haben besonders eine Vorliebe für Säulen- und Felsenkakteen. Die Läuse sitzen mit ihren Eiern unter einem rundlichen, braun gefärbten Schild. Am besten ist, wenn man alle abstreift. Dabei unbedingt die Erde abdecken, denn sonst lassen sich die Läuse einfach herabfallen und sind nach wenigen Tagen wieder auf dem Kaktus! Danach sollte man die Pflanze mit einer schwachen Seifenlösung abwaschen. Schildlausbefall führt oft zum Abwer-

Schildläuse haben eine Vorliebe für Säulenkakteen.

fen von Knospen und Sproßteilen. Aber auch das satte Grün eines Kakteenkörpers leidet unter dem Befall, die Pflanzen werden gelblich.

> Ich topfe alle meine Kakteen, an denen ich Schädlinge bemerkt und bekämpft habe, vorsichtshalber in gute Kakteenerde um, damit sie auf jeden Fall einen Nährstoffschub bekommen, um sich zu kräftigen.

Mitunter können auch **Ameisen** einer Kakteensammlung schwer zu schaffen machen, besonders dann, wenn sie ihre Nester direkt in den Kakteentöpfen anlegen. Außerdem haben sie eine Vorliebe für Samenkörner aus den bereits reifenden Früchten. Auch eine einzelne Ameise sollten wir sofort entfernen, denn sie benagt auch die Staubgefäße der Blüten. An Kakteen sind Ameisen oft ein Hinweis auf **Blattläuse**. Denn die beiden gehen eine Symbiose ein: Die Ameisen ernähren sich vom sogenannten Honigtau, den die Blattläuse ausscheiden. Dies ist häufig an jungen Trieben zu beobachten. Die befallene Stelle zeigt Fraßspuren, an denen die Ränder verkrusten. Mit einem starken Wasserstrahl lassen sich die Blattläuse leicht abspülen.
Unter dem Namen »Rote Spinne« sind die **Spinnmilben** bekannt. Sie gehören zu den schlimmsten Schädigern der Kakteen, weil man sie erst dann bemerkt, wenn es zu spät ist. Denn nur mit einer Lupe sieht man die Spinnmilben. Umso deutlicher ist das zu erkennen, was sie anrichten: Graubraune, gelbliche, später braune Flecken, die sich ausdehnen. Besonders um den Scheitel herum ist der Pflanzenkörper geschädigt.
Die winzigen (0,25 bis 0,5 mm groß) rötlichen Insekten befinden sich in einem Gespinst feiner weißlicher Fäden und zerstören das Chlorophyll, machen die Spaltöffnungen für den Stoffwechsel unbrauchbar und stören somit die Assimilation. Stehen die Kakteen dauernd in trockner Zimmerluft, kann es leicht zum Auftreten von Spinnmilben kommen. Deshalb kann man auf ein häufiges Überbrausen der Pflanzen bei Wärme nicht verzichten. Auch Frischluft ist wichtig. Es gibt ein Kaktus, der als »Spinnmilbenmelder« fungiert: *Chamaecereus silvestrii* ist sehr empfindlich und leicht anfällig für Spinnmilben. Hat man ihn auf seinem Fensterbrett, so braucht man nur hier nachzuschauen, ob Spinnmilben anwesend sind. Ist er gesund, ist die gesamte Kakteensammlung gesund. Befallene Kakteen müssen sofort isoliert werden.
Im Zimmer werden sie wohl kaum auftreten, die **Schnecken**, aber man kann sie aus dem Sommerquartier des Gartens leicht einschleppen. Deshalb zuvor alles nach den bekannten Schleimspuren absuchen. Sogar dichtbedornte Kakteen werden befallen. Die Unterseiten der Töpfe sind zumeist der Sammelpunkt der Schnecken. Also auch hier nachschauen! Denn ihre Fraßspuren sind sonst nicht zu übersehen.

> Ich greife zu dem bewährten Bier und stelle ganz flache Schalen mit Bier gefüllt neben meine Kakteen im Freien, auf diese Weise fange ich rasch alle Schnecken.

Kakteen im Winter

Die meisten Kakteen müssen im Winter einen hellen, sehr kühlen und trockenen Platz haben. Sie brauchen diese Ruhepause, in der sie nicht wachsen und sich auf die Blüten des nächsten Jahres vorbereiten. Wenn man keinen kühlen Platz bieten kann, sollte man sich nur die Kakteen *Mammillaria schiedeana, Mammillaria plumosa, Schlumbergera truncata* und *Rhipsalis* anschaffen, denn diese brauchen auch im Winter Wärme, weil hier ihre Wachstums- und Blütezeit liegt.

Die meisten Kakteen überwintern am besten bei 5 – 10 °C. Rebutien können sogar noch kühler stehen, nur Frost dürfen sie nicht bekommen. Dies sind aber nur Richtwerte, Kakteen sind relativ robust und passen sich vielen Bedingungen an. Vor besonders kalten Frostnächten kann man zum Schutz der Kakteen ein Stück Pappe zwischen Pflanze und Fensterscheibe schieben. Auch sollte der Pflanzenkörper nicht die Außenscheibe berühren.

Gegossen wird in der Ruhezeit gerade so viel, daß die Kakteen am Leben erhalten werden. Es reichen wenige Tropfen wöchentlich aus. Über ein Einschrumpeln der Pflanzen braucht man sich nicht zu erschrecken. Sobald der Kaktus wieder Licht, Wärme und Feuchtigkeit bekommt, strafft sich sein Pflanzenkörper. Über Winter zehrt er von den Reserven an Wasser und Nährstoffen, die er in seinem Gewebe eingelagert hat. Wichtig ist, daß der Winterstandort auch hell ist. Da wir – gemessen an den Heimatstandorten der Kakteengewächse – sowieso nur wenig Licht bieten können, reagieren sie besonders im Winter sensibel auf dunkle Plätze. Sie bilden lange dünne Triebe, sie »vergeilen«. Säulenkakteen wachsen nicht mehr als eine geschlossene harmonische Säule heran, sondern bekommen dünne Spitzen, an die dann im Sommer wieder ein dickeres Wachstum anschließt, was unschön aussieht.

Kugelkakteen bleiben keine Kugel, sondern bilden wie eine Zipfelmütze kleine Spitzen. Dies alles ist nur die Reaktion der Pflanze; auf ihrer Suche nach Licht strebt sie mit ihrem Pflanzenkörper dem wenigen Licht entgegen und deformiert sich.

Diese Kakteen stehen über der Heizung im Winter auf jeden Fall zu warm.

Ebenso wichtig ist, daß es möglich ist, allwöchentlich das Winterquartier zu lüften.
Hier sollte man aber dafür sorgen, daß nicht extreme Kaltluft direkt auf die Pflanzen strömt.

Damit frostige Luft keinen Schaden an meinen Kakteen anrichtet, decke ich sie vor dem Lüften mit etwas Papier ab.

Notfalls kann man Kakteen austopfen und in Zeitung gewickelt kühl und trocken überwintern.

Sobald die Pflanzen im Frühjahr wieder wärmer stehen, werden sie auch wieder reichlich gegossen. Aber als erstes sollten sie in frische Kakteenerde umgetopft werden. Bei dieser Gelegenheit brause ich die Kakteenkörper immer etwas mit lauwarmen Wasser ab, um den »Winterstaub« und eventuelle Schädlinge zu entfernen. Jetzt ist es wichtig, daß man die Kakteen, obwohl sie ja eigentlich »Sonnenkinder« sind, nicht sofort der prallen Frühlingssonne aussetzt. Sie würden Brandflecken bekommen. Nicht umsonst sagt der Volksmund: »Märzsonne bräunt am meisten«... Denn so wie wir Menschen uns nach dem lichtarmen Winter erst einmal an die Sonne gewöhnen müssen, so geht es auch den Pflanzen. Im speziellen heißt das für die Kakteen, daß man sie erst einmal nicht oder nur stundenweise an das sonnige Fenster stellen sollte.

Wer keine Möglichkeit hat, Kakteen wintergerecht aufzustellen, topft sie im Spätherbst aus, wickelt sie mehrmals in Zeitungspapier und legt sie einfach kühl weg. Im Frühjahr sind sie geschrumpft. Aber bei guter Pflege erholen sich die meisten nach dem Eintopfen bald wieder.

Kakteen im Porträt

Im allgemeinen werden die Kakteen nach ihrer Gestalt eingeteilt, so gibt es Säulenkakteen, Kugelkakteen, Blattkakteen und andere. Da diese Einteilung aber umstritten ist, weil so mancher Säulenkaktus in seiner Jugend wie ein Kugelkaktus aussieht, sollte hier eine rein alphabetische Reihenfolge erfolgen. Ausgewählt wurden die Gattungen und Arten, die im Zimmer einfach zu halten sind und auch jene, die durch eine schöne Bedornung oder Ausfärbung bzw. eine prachtvolle Blüte besonders auf sich aufmerksam machen.
Alle Kakteen gehören zur Familie Cacteaceae.

Die ganze Vielfalt der Kakteen läßt sich weder auf einem Bild noch in einem Buch darstellen.

Acanthocalycium

Dornenkelch

Dieser Kaktus aus Nordargentinien besitzt am Blütenkelch und am Fruchtknoten dornig gespitzte Schuppen. In seiner Heimat wächst *Acanthocalycium* in einer Höhe von 1000 m ü. d. M. Anfangs ist er kugelig, später verlängert sich sein Pflanzenkörper. Diese Gattung zählt zu den unproblematischen Kakteen; zudem ist sie schnellwüchsig. Der Pflanzenkörper besitzt viele Rippen, meistens 15, die Dornen sind zahlreich. Die trichterförmigen Blüten – je nach Art in unterschiedlichen Farben – haben einen wolligen Ansatz im Blütengrund. Am bekanntesten ist die fliederfarben blühende Art *A. violaceum.* Sie braucht zum Überwintern 10 °C und absolute Trockenheit.

Der Dornenkelch ist ein anspruchsloser Kaktus, der eine nährstoffreiche, leicht saure Erde, viel Licht und Luft benötigt.

Erwähnenswert sind noch die Arten *A. glaucum* mit bläulichem Pflanzenkörper, *A. opiniflorum* mit weißer Blüte und *A. variflorum* mit orangefarbener Blüte.

Acanthocalycitum violaceum.

Aporocactus flagelliformis

Aporocactus
Schlangenkaktus

Dieser dichtbedornte Kaktus kommt aus Mexiko. Er besitzt gelbliche oder bräunliche Dornen, die im jungen Austrieb manchmal rote Spitzen haben. An sich ist der *Aporocactus* pflegeleicht. Er benötigt eine nährstoffreiche Erde und sollte häufiger besprüht werden als andere Kakteen. Hierbei darf man nicht die Unterseiten der Pflanzen vergessen, denn oftmals siedeln sich hier Spinnmilben an. Im Sommer muß dieser Kaktus auch reichlich gegossen werden. Er ist mit seinen orangefarbenen, roten bis violetten Blüten eine herrliche Ampelpflanze. Im Winter braucht er einen hellen Platz um 10 °C und sehr wenig Feuchtigkeit. Am empfehlenswertesten ist die Art. *A. flagelliformis,* deren Triebe einen Durchmesser von nur 2 cm haben, sie halten etwa vier Tage und blühen karmesinfarben. *A. conzattii* hat hellbraune Dornen; er bleibt niedrig, seine Rippen sind höckerig, die Blüten leuchten ziegelrot.

Astrophytum
Seesternkaktus

Diese Gattung gehört wohl zu den beliebtesten überhaupt, weil sie ganz sicher zum Blühen kommt und weil sie interessant aussieht. Die *Astrophyten* werden landläufig auch als »Bischofsmütze« gehandelt, obwohl sich dieser Name exakt nur auf die Art *A. myriostigma* bezieht.
Astrophytum erinnert mit seinem kugeligen Körper an versteinerte Seeigel, ist fast gänzlich dornenlos, lediglich die Art *A. capricorne* besitzt schwungvoll gebogene Borsten und *A. ornatum* hat kräftige Dornen. Der Körper von *Astrophytum* besteht aus dicken Rippen (4–9), er ist meist flach kugelig, selten säulenförmig und trägt unregelmäßige winzige weiße Flöckchen. Die Blüten erschei-

Astrophytum asterias.

Astrophytum capricorne

nen oben auf dem Scheitelpunkt. Sie sind gelb und haben meist einen roten Schlund. Auch reingelbe Blüten kommen vor. Da *Astrophytum* aus den warmen Steppengebieten Mittelamerikas kommt, ist es im Sommer nässeempfindlich, daher nie zu reichlich gießen. Die Pflanzen brauchen einen warmen und sonnigen Platz. Das Substrat sollte leicht sauer sein und aus einem Gemisch von Kakteenspezialerde und Kies bestehen. Ich streue auf die Oberfläche – besonders am Wurzelhals – immer etwas feinen Sand, um stehende Nässe in der Nähe des Pflanzenkörpers zu vermeiden. Im Winter steht *Astrophytum* fast gänzlich trocken, nur alle 14 Tage befeuchte ich die Erde wenig. Der Winterplatz sollte hell bei Temperaturen um 8 °C sein. Vermehrt wird *Astrophytum* durch Aussaat, hierbei muß man die Aussaatschale aber stets lüften, damit sich keine Fäulnispilze einstellen.

A. asterias ist ein auffallend flacher, reizender Kaktus ohne Bedornung. Auf dem glatten dunkelgrünen Pflanzenkörper fallen die weißen Flöckchen deutlich auf. Die Blüten leuchten gelb mit roter Mitte. *A. capricorne* ist in der Jugend kugelig und reckt sich erst im Alter etwas empor. Seine Rippen sind scharfkantig, der Pflanzenkörper ist dunkelgrün mit weißer Maserung. Seine 10 Borstendornen stehen nur an den oberen Areolen und sind unregelmäßig gebogen. An den unteren Areolen fallen sie im Laufe der Zeit ab. *A. capricorne* besitzt herrliche gelbe Blüten, die etwa 7 cm groß sind und einen leuchtend roten Schlund haben. *A. myriostigma* ist die typische Bischofsmütze. Der kugelige, leicht bemehlte Pflanzenkörper ist gänzlich ohne Dornen. Die gelben Blüten öffnen sich bei Sonneneinstrahlung und schließen sich abends wieder.

A. ornatum wird auch das »Geschmückte« *Astrophytum* genannt. In der Jugend ist es kugelig, im Alter kann es sich zu einer dicken Säule bis zu einem Meter entwickeln. Die weißen Flöckchen bilden auf dem Pflanzenkörper ein bogenförmiges Muster. *A. ornatum* trägt gelbliche bis bräunliche, gerade abstehende kurze Dornen. Die gelben Blüten sind trichterförmig.

Da alle Astrophyten empfindlich gegenüber Nässe sind, empfiehlt sich eine sogenannte Sämlingspropfung. Man veredelt die Sämlinge auf *Ecinopsis* und hat so eine ausgezeichnet Starthilfe. Nach Jahren kann man sie wieder abschneiden und bewurzeln lassen.

Austrocephalocereus
Austrocephalocereus ✓

Dieser Säulenkaktus aus Brasilien fällt durch seine schöne Bedornung auf, deren Wirkung noch durch ein teilweise dichtes Haarkleid gesteigert wird. Die Blüten entspringen direkt dem echten Cephalium (blütentragende Region), so daß es aussieht, als seien die Blüten in einem Wattebausch eingebettet. Die gelblichen Blüten erscheinen in der Dämmerung und blühen nachts völlig auf.
Ein Vorteil dieser Gattung besteht darin, daß sie kaum nässeempfindlich ist. Sie kann den ganzen Sommer über im Freien bleiben, verträgt auch Sonne sehr gut. Als Substrat sollte der Kakteenerde zu dem Sand noch etwas Lehm beigemischt werden.
Im Winter muß *Austrocephalocereus* etwas wärmer stehen als andere Kakteen. Dann sollte er auch etwas mehr Feuchtigkeit bekommen. Es ist sogar möglich, ihn im warmen Zimmer bei 20 °C zu überwintern. Allerdings sollten die Temperaturen auf gar keinen Fall längere Zeit unter 5 °C absinken. Dann nimmt dieser reizvolle Kaktus Schaden und erholt sich nur selten.
Vermehrt wird *Austrocephalocereus* durch Aussaat.
Leicht zu pflegen und besonders schön behaart ist die Art *A. dybowskii.* Er kann bis 4 m hoch werden, sein Körper hat dabei einen Durchmesser von rund 8 cm, an der Basis verzweigt sich diese Art. Die Blüten erscheinen aus dem dichten Cephalium als kleine weiße Glocken.
Im Winter fühlt sich diese Art am wohlsten bei etwa 10 bis 12 °C. Etwas gießen sollte man ihn in dieser Zeit natürlich auch. Im Sommer steht er in voller Sonne und braucht reichlich Wasser.
Eine rot blühende Art ist *A. purpureus.* Sie wird bis zu 2 m hoch, die Triebe sind bläulich, das Cephalium hat bräunliche bis schwarze Borsten und grauweiße Wolle. Daraus ragen etwa 4 cm große purpurfarbene Blüten. Dieser Kaktus ist nicht ganz so leicht zu pflegen wie die Art *A. dybowskii;* er ist weitaus empfindlicher, was Temperatur, Nässe und Sonneneinstrahlung angeht.

Austrocephalocereus dybowskii.

Browningia

Browningia

Eine herrlich blaubereifte Säule ist dieser Kaktus, besonders die Art B. hertlingiana fällt auf. In den Trockentälern Perus findet man Exemplare von 10 m Höhe. Dann sind sie auch verzweigt und haben nicht mehr so viele Dornen. Diese blaubereifte Säule besitzt Rippen, an denen dichte Dornenbüschel spitz auslaufen. Ein Dorn ist meist länger, 6 bis 7 Dorne umrahmen ihn, sie sind kleiner. Die nachtblühenden Kakteen locken mit ihren weißen, beschuppten Blüten durch einen leichten Duft nachtaktive Insekten an.

Browningia herlingiana.

Browningia verträgt volle Sonne; steht sie schattig, verliert sich ihre blaue Bereifung recht schnell. Im Winter sollte man einen Platz um 12 °C finden und sehr selten gießen. Im Sommer nur dann gießen, wenn der Kaktus völlig ausgetrocknet ist. Auch besprühen sollte man den Pflanzenkörper auf gar keinen Fall. Vermehrt wird *Browningia* durch Aussaat. Die Samen nicht mit Erde bedecken, da sie Lichtkeimer sind.
Weitere interessante Arten sind *B. microsperma,* die baumförmig wächst und bis zu 6 m hoch werden kann. Der Stamm ist glatt, die beschuppten Blüten sind weiß. Diese Art eignet sich gut für die Hydrokultur. *B. viridis* ist eine grüne Art; in ihrer Heimat wird sie riesig – fast 20 m hoch. Die Dornen der jungen Pflanzen sind 6 cm, die der alten ca. 20 cm lang. Als Substrat sollte man eine lehmig-kiesige Mischung verwenden. *B. viridis* ist etwas nässeempfindlich, deshalb immer erst austrocknen lassen, bevor man wieder gießt. Im Winter darf sie auf keinen Fall unter 0 °C stehen und muß völlig trocken gehalten werden. Im Sommer sollte sie luftig und sonnig stehen.

Carnegiea

Riesenkaktus

Dieser Kaktus aus Mexico und Arizona ist vom Aussterben bedroht, weil eine Bakterienart ihn befällt, die von einem Nachtfalter übertragen wird.

Carnea gigantea (links), *Cephalocereus senilis* (rechts).

Dieser Säulenkaktus wird 12 m hoch, seine Äste haben dann einen Durchmesser von etwa 50 cm; er ist verzweigt. Die Randdornen sind strahlenförmig angeordnet.
Carnegiea hat eine weiße Blüte. Dieser interessante Säulenkaktus ist für das Wohnzimmer auf jeden Fall eine Bereicherung, auch wenn er nicht so schön wird, wie in seiner Heimat. Als Substrat verwendet man Kakteenspezialerde. Die Drainage durch Tonscherben auf dem Topfboden und durch Kieszusätze der Erde darf nicht vergessen werden, weil stauende Nässe ihm schaden kann. Die Erde kann im übrigen nährstoffarm sein, da *Carnegiea* nicht so viel Ansprüche an den Boden stellt. Im Sommer braucht sie einen luftigen und freien Platz – keine pralle Sonne –, am besten ist es, wenn den Kaktus an einen absonnigem Standort im Freien stellt. Im Winter sollte *Carnegiea* bei etwa 5 °C überwintern, bei dieser Temperatur muß man den Kaktus auch sehr trocken halten. Alle drei Wochen einmal wenig gießen. Vermehrt wird *Carnegia* durch Aussaat.
Weitere Arten sind *C. gigantea*, der eigentliche Riesenkaktus und *C. euphorbioides*, ein euphorbienähnlicher Kaktus. Sein Pflanzenkörper ist blaugrau, die Blüten rosarot.

Cephalocereus
Greisenhaupt

Wenngleich dieser Kaktus aus der Mitte Mexicos etwas empfindlich ist, so gehört er doch zu den Lieblingen in einer Kakteensammlung. Denn, was sein Äußeres betrifft, so ist es unübertroffen: Ein dichtes, weißes, recht wuscheliges Haarkleid macht ihn zu einem der auffälligsten Kakteen in der Sammlung. Dieser kleine Säulen-

kaktus, kann bis zu 15 m hoch werden. Die Blüten sind unscheinbar, blaßgelblich. Das Cephalium, das ihn ganz umgibt, ist das Interessante. *Cephalocereus* vereinte früher viele Arten, sie sind aber anderen Gattungen zugeordnet, so daß nur noch die eine Art *C. senilis* übrigblieb. Am empfindlichsten ist dieser Kaktus gegenüber Nässe, deshalb das Substrat mit einer Schicht Sand bedecken, es sollte auch humusarm sein.
Das Greisenhaupt hat zwei Ruhephasen in denen es trocken stehen sollte. Im Hochsommer möchte es etwa zwei Wochen warm und trocken stehen. Im Winter fühlt sich die Pflanze bei 5 °C am wohlsten. Auch dann darf so gut wie gar nicht gegossen werden. Gießen sollte man sowieso nur von unten, damit ja kein Wasser an das prächtige Haarkleid gelangt. Ist dieses einmal verstaubt, kann man es einfach waschen; sofortiges Fönen ist dann aber wichtig, weil sonst Fäulnis auftritt!
C. senilis wird durch Aussaat vermehrt.

Cereus forbesii.

Cereus

Wachsfackelkaktus

Dies ist der Säulenkaktus par excellance, obwohl es in dieser artenreichen Gattung auch sehr vielgestaltige, verzweigte und buschigwerdende Arten gibt. Cereus kommt aus Südamerika und Westindien. Seine Blüten sind langröhrig, schwach beschuppt und blühen weiß bis rötlich. Die Dornen- und auch die Rippenzahl sind artverschieden. In der Regel ist der Pflanzenkörper saftiggrün bis blaugrau bereift.

Cereus peruvianus 'Monstrosus'.

Im Sommer möchte *Cereus* einen freien und luftigen Platz. Im Winter muß er kühl (auf jeden Fall frostfrei!) und relativ trocken stehen. Als Substrat gibt man ihm eine lehmig-kiesige Erde. Gegen stauende Nässe ist diese Gattung nicht so empfindlich.
Vermehrt wird *Cereus* durch Aussaat. Man kann ihn auch als Unterlage für Veredlungen verwenden.
Der Wachsfackelkaktus ist ein schnellwüchsiger Kaktus, der auch in Hydrokultur gedeiht. Weitere Arten sind *C. forbesii*, ein blaugrüner Kaktus und *C. azureus*, der azurblaue Kaktus aus Südbrasilien. Er muß sehr

sonnig stehen, sonst geht die Blaufärbung unweigerlich zurück. *C. chalybaeus*, der stahlblaue *Cereus*, der zu allem Überfluß zu seiner schönen Farbe noch herrliche 20 cm große weiße Blüten mit rosa Sepalen hervorbringt. Die Pracht öffnet sich in den Abendstunden und hält die ganze Nacht.
Eine Art, die schon seit 1753 bekannt ist, ist *C. peruvianus*. Er wächst säulenartig und verzweigt sich zugleich von unten buschig. Interessant sind auch die kurzen Dornen, die rötlichbraun in dichten Büscheln auf dem grünen bis blauem Pflanzenkörper sitzen. Die weißen Blüten sind 16 cm lang.
Ganz bizarr sieht die Sorte *C. peruvianus 'Monstrosus'* aus.

Cleistocactus
Silberkerze

In 1750 m Höhe in den Bergen von Argentinien und Bolivien ist *Cleistocactus* zu Hause und ragt silbrig aus der Erde. Dieser schlanktriebige Kaktus verzweigt sich an der Basis und bildet an den Seiten neue Zweige. Wir kennen ihn als Säulenkaktus, der durch seine leuchtend weiß-silbrigen Borsten auffällt. Die Borsten sind dünn, mitunter regelrecht haarig, manchmal dicht, selten spärlich. Die zylindrischen Blüten erscheinen in roter, orangefarbener, gelber oder weißer Farbe. Es gibt Arten, die außerordentlich reich blühen.

Cleistocactus strausii (handelsübliche Bezeichnung).

Dieser Kaktus bevorzugt im Sommer einen warmen, zumeist sonnigen Platz und reichliche Wassergaben. Als Substrat wird Kakteenspezialerde mit etwas Humus angereichert. Er ist auch für die Hydrokultur geeignet, da er kaum nässeempfindlich ist. Im Winter möchte *Cleistocactus* bei mindestens 8 °C stehen, dann darf er nur ganz selten gegossen werden. Es schadet diesen Kakteen aber nicht, wenn sie wärmer stehen, dann muß man aber reichlicher gießen. Diese Gattung gehört zu den

pflegeleichten Kakteen, die auch unter Zimmerbedingungen leicht zum Blühen kommt. Wichtig ist nur, daß sie stets frische Luft und viel Licht erhält.
Vermehrt wird dieser Kaktus aus Samen oder aus Stecklingen. Interessante Arten sind *C. anguinus*, der aus Paraguay kommt. Er ist ein schlangenartiger Kaktus, denn seine Triebe wachsen hängend, kriechend oder lehnen sich an. Die Sprosse sind sehr schlank, sie haben nur einen Durchmesser von ca. 2 cm. Die Dornen, sind bräunlich gefärbt. Wunderschöne Blüten hat die Schlangen-Silberkerze: Sie sind leuchtend orangerot gefärbt und krümmen sich ähnlich wie ein Fragezeichen. Da sie von beachtlicher Größe sind – etwa 7,5 cm lang – fallen sie an diesem zierlichen Kaktus gleich auf.
Aus Südamerika kommt die Art *C. bruneispinus*, auch Braundornige Silberkerze genannt. Die dunklen rotbraunen Dornen fallen an diesem Säulenkaktus als erstes auf. Auch die rötlichen Blüten sind groß und biegen sich in voller Blüte S-förmig.
Mit leuchtend gelben Blüten wartet *C. ritteri* auf. Diese Art aus Bolivien ist eine schlanke Säule mit gelblichen Dornen. Die Blüten erscheinen reichlich. Um sie herum bilden sich 3 cm lange weiße Haarbüschel.

Copiapoa
Copiapoa

Diese anfangs kugelförmigen, später säulig wachsenden Kakteen bilden Polster. Sie kommen aus Chile und besitzen eine außerordentlich feste Außenhaut.
Bei uns ausgesäte Kakteen haben allerdings nicht diese starke Wachsschicht, deshalb sollte man auf importierte Exemplare zurückgreifen. Die Bedornung dieser Gattung ist sehr auffällig, da zumeist dunkelbraune Dornen auf grünem Pflanzenkörper vorherrschen. Die Blüten duften bei manchen Arten, sie sind gelb bis hellgelb. Das Besondere an dieser Gattung ist, daß ihre Hauptwachstumszeit im Herbst liegt. Im Sommer möchte sie trocken gehalten werden, weil sie dann eine Ruhepause durchmacht.

***Copiapoa cinerea* var. *gigantea*.**

Auch im Winter steht *Copiapoa* am besten hell, kühl und relativ trocken. 8 bis 10 °C sind völlig ausreichend. Junge Pflanzen benötigen im Winter etwas höhere Temperaturen und dann auch etwas mehr Feuchtigkeit. Für sie ist auch die Hochsommerpause keine echte Pause; wir gießen sie wenig, aber gerade so viel, daß die feinen Faserwurzeln nicht austrocknen.
Obwohl dieser Kaktus einen sonnigen Standort braucht, ist er vor praller Sonne – etwa dicht hinter der Fensterscheibe – zu schützen, weil er dann leicht Schaden nimmt. Besonders junge Pflanzen reagieren auf direkte Sonne empfindlich.
Als Substrat wird eine gute Kakteenspezialerde mit etwas Sand vermischt.
Vermehrt wird *Copiapoa* durch Aussaat oder durch Pfropfen.
An der chilenischen Küste wächst die Art *C. cineracens*, die aschgrau wird. Im Jugendalter ist sie kugelig, erst im Alter verlängert sich ihre Kugelform zur leicht abgerundeten Säule. Der Schopf ist weiß, die Dornen sind dick und gelb-braun gefärbt. Im Alter werden sie grau. Man hat also nichts verkehrt gemacht, wenn sich bei großen Exemplaren die schöne Dornenfärbung verliert. Die gelben Blütenblätter sind fein gezähnt.
Große Gruppen bildet *C. coquimbana*. Die Rippen dieser Art sind warzig gehöckert. Auch besitzt sie eine starke Rübenwurzel mit feinen seitlichen Faserwurzeln, was sie lange Trockenzeiten ohne Mühe überstehen läßt. Die Dornen haben eine fast schwarze Färbung. Die Blüten sind gelb, glockenförmig und bis 3 cm lang.
Nur 10 cm groß wird die flachrunde, halbkugelige Art *C. taltalensis*. Sie besitzt eine große Rübenwurzel, die Rippen sind quergefurcht. Die dunkelbraunen bis schwarzen Dornen werden 3 cm lang. Besonders auf dem Schopf sind sie sehr zahlreich. Die Blüten werden 4 cm groß, sie sind lang gespitzt und von hellgelber Farbe.

Coryphantha elephantides.

Coryphantha

Scheitelblüher

Dieser Warzenkaktus mit der schönen Bedornung ist kugelig oder länglich. Die meist gelben Blüten entspringen direkt dem Scheitel. Es gibt aber auch rotblühende und weißblühende Arten. *Coryphantha* ist von Kolumbien, Südkanada über die USA bis nach Südmexico verbreitet. Sie ist sehr nässeempfindlich und macht im Hochsommer ebenso eine Ruheperiode durch wie im Winter. In diesen beiden Phasen sollte sie sehr hell und relativ trocken stehen. Im Winter reichen 4 °C völlig aus.
Der Wurzelhals darf nicht mit Wasser in Berührung kommen.
Als Substrat sollte man sandhaltige Kakteenspezialerde wählen. Für eine gute Wasserführung durch Tonscherben auf dem Topfboden ist zu sorgen. Da die

meisten Coryphanthen eine starke Rübenwurzel haben, sollte man beim Umtopfen einen entsprechend hohen Topf wählen.

Ich schütze nässeempfindliche Kakteen so, indem ich nach dem Umtopfen eine feine Sandschicht um den Kaktus herum streue, so kann das Gießwasser schneller durchsickern.

Vermehrt wird *Coryphantha* durch Aussaat. Bei den Sämlingen ist auf gute Lüftung zu achten. Vorsichtig gießen, damit sich keine Vermehrungspilze einstellen!
Keulenförmig ist *C. clavata* aus Mexico. Sie ist dunkelgrün bis rötlich angehaucht. Der Scheitel ist dichtbewollt, die Blüten sind gelb und tragen oftmals kleine Sepalenwimpern. Die Randdornen sind dunkelbraun, die Mitteldornen gelblich. Aber am auffälligsten sind wohl die 2 cm großen Warzen.
C. cornifera heißt die Horntragende Coryphantha, und wächst kugelig bis zylindrisch. Ihr Pflanzenkörper ist graugrün, die Warzen 2 bis 3 cm lang und fast rhombisch geformt. Die Bedornung ist sehr schön, da die 7 bis 9 Randdornen gelb sind und einen schwarzen Mitteldorn besitzen. Die 6 cm langen zitronengelben Blüten haben rötliche Staubfäden.
Die Elefantenzähnige Coryphantha, *C. elephantideus*, ist gedrungen, kugelig und wird nur 20 cm dick. Die Warzen sind dick und lang, die Blüten herrlich tiefrosa. Die 8 Dornen sind von gelber Farbe.

Echinocactus

Igelkaktus

Echinocactus-Arten zählen zu den großen Kugelkakteen (neben *Ferocactus*). Die Rippen erscheinen zahlreich und sind stark ausgeprägt. Die Dornen sind zumeist enorm kräftig, oftmals gerade oder nur leicht gebogen. Die meist gelben Blüten sind verhältnismäßig klein. Da der Igelkaktus aus den sehr warmen Steppen Texas, Mexikos und Neu-Mexikos kommt, braucht er in der Wachstumszeit einen sonnigen und warmen Platz. Er ist nässeempfindlich, deshalb sollte man frisch umgetopfte Pflanzen nur vorsichtig von oben gießen. Alle eingewurzelten Igelkakteen gießt man am besten von unten. Stehendes

Wasser aber nach ein bis zwei Tagen entfernen!
Im Winter brauchen diese Kakteen einen Platz um 8 °C, sie werden nur ganz selten gegossen. Das Substrat sollte humusreich, lehmig und sandhaltig sein.
Vermehrt wird *Echinocactus* durch Aussaat, wobei man darauf achten sollte, daß die Kakteensämlinge nicht zu feucht stehen. Das Vermehrungsbeet muß ausreichend frische Luft bekommen.

Echinocactus platycanthus **(oben),** ***Echinocactus grusonii*** **(links)**

Echinocacteen fühlen sich den ganzen Sommer über im Freien wohl, wobei man sie an Regentagen unter eine Überdachung stellen sollte.
Die wohl bekannteste Art ist *E. grusonii* – der Schwiegermutterstuhl – weil ihre Bedornung außerordentlich stark ist und bei Berührung sehr schmerzhaft sein kann. Dieser saftig grüne Kaktus wird wegen seiner leuchtend gelben frischen Dornen auch Goldkugelkaktus genannt. Er blüht erst im hohen Alter und kann riesengroß werden, dabei behält er seine kugelige Form. Im Zimmer kommt er gar nicht zum Blühen, er muß erst einige Zeit im Freien gestanden haben. Die 6 cm langen Blüten sind innen gelb und außen bräunlich. Waagerecht geringelte Dornen hat die Art *E. horizanthalonius*, die auch in der Wüste von Arizona wächst. Dieser Kaktus bleibt

verhältnismäßig klein, er wird nur 25 cm dick. Sein Pflanzenkörper ist grau bereift. Die Dornen sind dunkelrötlich oder bräunlich gefärbt. Auch die kleinen 3 cm langen Blüten erscheinen rötlich. Diese Art ist besonders gegenüber zuviel Feuchtigkeit empfindlich.
E. platyacanthus ist ein breitbedornter *Echinocactus,* sein Pflanzenkörper erinnert an eine Kugel in Tonnenform. Er erreicht einen Durchmesser von etwa 50 cm. Der Pflanzenkörper ist frischgrün, die Rippen sind steil und schmal, seine Mitteldornen sind flach, die gelben Blüten hingegen lang.

Echinocereus

Igelsäulenkaktus

Dieser kleine gruppenbildende, oft verzweigte Säulenkaktus ist »weichfleischig«. Seine Blüten und Früchte sind bedornt. Von auffälliger Schönheit sind die großen Blüten. Sie halten auch lange. Im Sommer sollte man diesen Kaktus aus dem Westen der USA und aus Mexico warm, hell und luftig stellen. Als Substrat verwendet man sandig-lehmige Erde, die durchlässig und leicht sauer sein sollte. Im Winter steht der *Echinocereus* trocken, sehr kühl und hell. Bis in den April hinein sollte man

Echinocereus stramineus.

kaum gießen, damit sich reichlich Knospen bilden können. Vermehrt wird er durch Aussaat oder durch Stecklinge. Vermehrung erst ab Ende Mai.
E. berlandieri besitzt 8 cm lange Blüten, die leuchtend rosa sind, sie erscheinen trichterförmig, die Staubfäden sind weinrot oder noch dunkler, oben allerdings leuchten sie grün. Im Sommer sollte diese Art reichlich Feuchtigkeit erhalten und im Freien stehen.

Als Vergrauender *Echinocereus* wird *E. cinerascens* bezeichnet, denn die weißlichen Dornen vergrauen mit der Zeit. Die Blüten sind 6 cm groß und von leuchtend roter Farbe. Erdbeerkaktus nennt man den schönen *E. engelmannii*, weil seine Früchte Zucker enthalten. Die Sprosse können bis 45 cm lang werden, sie bilden dichte Gruppen. Die 8 cm langen Blüten entspringen im oberen Teil des Sprosses und leuchten dunkelrot.
E. stramineus ist gelb bedornt und leuchtet auch ohne Blüten aus einer Sammlung hervor. Er wird nur 20 cm groß und bildet dichte Gruppen. Die Blüten sind fast so lang wie der ganze Pflanzenkörper, nämlich 8 – 12 cm, und leuchtend rot. Die eßbaren Früchte sind kugelförmig. Auch für diese Art ist eine kühle trockene Überwinterung notwendig, sie lohnt es uns mit reichem Blühen.

Echinopsis-Arten.

Echinopsis
Seeigelkaktus

Diese artenreiche Gattung kommt aus Südamerika. Sie ist zwar durch ihre Bedornung nicht sehr auffallend, hat aber äußerst prachtvolle Blüten, die zart duften und sich bei den meisten Arten in den Abendstunden öffnen. Die Pflanzen sind kugelig geformt und werden erst im Alter säulenähnlich. *Echinopsis* ist eine der pflegeleichtesten Pflanzen. Deshalb wird sie auch »Bauernkaktus«

genannt. Im Sommer kann man sie ins Freie stellen, sollte aber pralle Sonne vermeiden. Sie möchte ein nährstoffreiches Substrat, dem etwas Sand beigemischt wird. Das Substrat sollte leicht sauer sein. Alle zwei Wochen sollte dieser Kaktus mit einem Kakteenspezialdünger gedüngt werden. Man verwendet am besten Flüssigdünger. *Echinopsis* muß im Winter kühl – um 8 – 10 °C – gehalten werden, wenn sie blühen soll. Dabei sehr wenig gießen. Nur ab und zu die Erde etwas befeuchten. Mit dem richtigen Gießen beginnt man erst, wenn die Blütenknopse schon groß geworden ist. Dann öffnet sich alsbald die riesige Blüte an diesem an sich recht unscheinbaren Kaktus. Manche von ihnen erreichen eine Größe von 20 cm.

Die Blüten sind trichterförmig, ihre Farbpallette reicht vom Weiß über Rosa bis zu Violett, auch eine rotblühende Varietät gibt es.
Echinopsis läßt sich durch Stecklinge und durch Aussaat vermehren, wobei Sämlinge besser zum Blühen kommen.
Mit weißen Blüten wartet die Art *E. ancistrophora* auf, auch die Dornen sind anfangs rotbraun und werden später weiß. Ebenfalls weiße Blüten hat *E. calochlora;* diese Art besitzt auch einen schönen, frischgrünen Pflanzenkörper. Die gelben Dornen weisen nach oben. Die kleinwarzige *E. mamillosa* hat 18 cm lange Trichterblüten, die leicht rosa angehaucht sind. Ihre Varietät *E. mamillosa* var. *kermesina* besitzt leuchtend rote Blüten.
E. oxygona ist spitzkantig und dabei fast kugelförmig, sie erreicht einen Durchmesser von etwa 25 cm. Die Blüten sind fast ebenso groß und haben eine blaßrote Farbe. Sie erblühen in voller Sonne, sind also – entgegen den meisten Arten dieser Gattung – Tagblüher.
Pflegeleicht ist auch *E. tubiflora*, die Röhrenblütige, wie sie auch genannt wird. Ihr kleinbleibender kugeliger Körper besitzt riesige, bis 20 cm große, trompetenförmige weiße Blüten.

Echinopsis tubiflora.

Epiphyllum
Blattkaktus

Epiphyllum-Arten.

Diese gar nicht an die typischen Kakteen erinnernde Gattung kommt aus Mexiko, Peru und Bolivien. Die Triebe sind blattartig und kaum bedornt. Nur einige Borsten erinnern an ihre Zugehörigkeit zu der dornenreichen Familie der Cactaceae. Die Blüten sind riesig und öffnen sich nachts. Ihr Farbenspiel reicht von Weiß über Crème bis hin zu Gelb und rötlichen Farbtönen (*E. oxypetalum*). Bei einigen Arten duften die Blüten angenehm. Es gibt unzählige Hybriden bei dieser Gattung, die alle mehr und mehr unseren Zimmerbedingungen angepaßt sind.
Epiphyllum ist an sich ein Kaktus, der leicht zu pflegen ist. Im Sommer kann man ihn ab Mai ins Freie bringen, denn viel Frischluft ist eine der Voraussetzungen für gutes Wachstum. Der Platz darf aber nicht in der Sonne liegen, sondern sollte schattig bis halbschattig sein, da sonst die Sprosse starke Verbrennungsschäden bekommen. Man erkennt dies an den Trieben sehr leicht: Bei zu viel Sonne färben sie sich rötlich.
Als Substrat bevorzugt *Epiphyllum* humusreiche und lockere Erde. Auch der Topf sollte ausreichend groß sein, da er reichlich Wurzeln bildet. In der Wachstumszeit muß ausreichend gegossen werden, auch für eine kalkfreie Düngung in zweiwöchentlichen Abständen ist diese Pflanze dankbar. Kurz vor der Blüte sollte man das Besprühen nicht vergessen.
Diese Kakteengattung läßt sich auch problemlos in Hydrokultur halten.
Im Winter muß *Epiphyllum* zwar kühler stehen und wird auch nicht so reichlich gegossen wie im Sommer, aber man darf ihn auch nicht zu kühl stellen; die optimale Temperatur liegt bei 12 °C, auf keinen Fall darunter!

Vermehrt wird *Epiphyllum* durch Teilen größerer Exemplare oder durch Triebstücke, die wie Stecklinge in feuchte Erde gesteckt werden.

***Epiphyllum*-Hybride.**

Sobald sich die ersten Knospen zeigen, die Pflanzen nicht mehr verrücken, sonst fallen die Knospen!

Pflegeleicht und blühwillig ist die Art *E. anguligerum*, sie blüht gelblich und duftet zart wie eine Lilie. Diese Art ist auch unter dem Namen »Sägeblattkaktus« bekannt, weil ihre Blattsprosse tief gezähnt sind. *E. anguligerum* wächst buschig. Die Blüten werden über 8 cm groß. An den Areolen von *E. crenatum* befinden sich Büschel von Borsten und Haaren. Im Alter bildet diese Art holzige Stämme. Die riesigen, 12 cm großen Blüten sind crèmefarben bis grünlich und duften stark.

Ferocactus

Faßkaktus

Wegen seiner Form, die im Alter einem Faß ähnelt, wird dieser Kaktus aus dem Süden der USA und aus Mexiko »Faßkaktus« genannt. Er kann riesig groß werden und im hohen Alter – nach Jahrzehnten – aus einer dicken Kugel zu einer dicken Säule heranwachsen. Am schönsten sind die kräftig ausgeprägten und auffallend gefärbten Dornen, die den eigentlichen Schmuck dieser Pflanze ausmachen. Im Zimmer ist es sehr schwierig, den *Ferocactus* zum Blühen zu bringen, dennoch sollte er in keiner Sammlung fehlen.
Der Faßkaktus braucht viel Wärme und Sonne, am besten steht er am Südfenster. Im Freien gefällt es ihm gar nicht. Im Winter sollte er kühl (bei 10 °C) und relativ trocken, aber hell stehen. Als Substrat braucht der

Ferocactus gute Kakteenerde, die ruhig nährstoffreich und mit etwas Lehm gemischt sein darf. Daraus sollte man aber nicht schließen, daß er nun auch reichlich Dünger haben will. Nein, man darf ihn nicht »treiben«, eine solide Erde mit zweimaligem Düngen im Sommer ist genau das Richtige für diesen schönen Kaktus. Er wächst bei allem dennoch langsam.
Vermehrt wird der Ferocactus durch Aussaat, die Sämlinge werden wie üblich in sandige Kakteenerde pikiert. Erst beim

***Ferocactus glaucescens* (oben), *Ferocactus latispinus* (links).**

Eintopfen bekommt der *Ferocactus* den Lehmzusatz.
Den Golddornigen *Ferocactus* nennt man die Art *F. chrysacanthus*, er wächst kugelig, später wird er zylinderförmig. Seine Randdornen sind dünn und weiß, sie fallen gar nicht auf, weil die Mitteldornen 5 cm groß werden und stark gebogen sind. Ihre Farbe ist gelb bis rot; die Blüten sind gelb.
Der Riesentonnenkaktus, *F. emoryi*, wird bis 2,5 m hoch. Die Dornen sind sind gerade, hackig, gekrümmt oder sogar gekringelt und von roter bis weißer Farbe. Die Blüten sind gelb bis rot oder auch manchmal rot gemustert.
F. glaucescens wird blau und hat gleichlange Dornen von gelber

Farbe, dieser Kaktus benötigt eine sandige, leichte, sauer reagierende Kakteenerde, ohne Lehmzusätze.
»Teufelszunge« nennt man den breitdornigen *F. latispinus.* Er wird etwa 50 cm hoch, die Mitteldornen sind das Schönste an ihm: Sie ragen aus dem weißlichen bis rosafarbenen Randdornen hervor, sind platt, zeigen abwärts und sind nach außen gebogen. Ihre Farbe ist intensives Rot mit Gelb.

Gymnocalycium

Gymnocalycium

Als ein allgemeines Merkmal dieser Gattung kann man den »nackten« Blütenkelch bezeichnen, denn er ist nur beschuppt und nicht, wie bei vielen anderen Kakteen, mit Haaren oder Borsten oder sogar Dornen besetzt.
Gymnocalycium ist in fast ganz Südamerika beheimatet. Es ist eine artenreiche Gattung mit zumeist flachkugeligen Pflanzen. Die Dornen sind anliegend, manchmal auch abgespreizt. Die Blüten sind in den meisten Fällen groß und trichterförmig. Ihre Farbe reicht von Weiß, über

Gymnocalycium andreae.

Crème und Grün-Weiß bis Gelb, Rosa und Rot. *Gymnocalycium* verträgt auch im Sommer keine stauende Nässe. Daher Vorsicht beim Gießen! Besser ist es, die Pflanze in den Abendstunden zu besprühen. Im Winter braucht *Gymnocalycium* einen etwas wärmeren Platz als andere Kakteen. Dann werden sie auch ab und zu leicht gegossen. Sie blühen sogar, wenn man sie im Zimmer überwintert. Überhaupt handelt es sich hier um eine blühwillige Gattung.
In praller Sonne gefällt es *Gymnocalycium* gar nicht, deshalb nicht direkt an die Fensterschei-

Pflanzenkörper. Es wird nur etwa 5 cm groß, entwickelt viele Seitensprosse. Die Blüten sind hellgelb. Fast blutrote Blüten hat *G. baldianum.* Diese Art verträgt bei trockenem Stand sogar kurzzeitig Minusgrade im Winter und sollte daher kühler als die anderen Arten überwintert werden.
Große rosafarbene Blüten – sie werden fast 10 cm groß – bietet *G. cardenasianum.* Auch die Dornen sind recht lang und sehen mit ihrer dunkelbraunen Farbe auf dem bläulichgrünen Pflanzenkörper sehr dekorativ aus.
Ein Zwergkaktus ist die oben bereits erwähnte Art *G. mihanovichii,* sie wird nur 6 cm groß. Ihr Pflanzenkörper ist dunkelgrün oder auch dunkelrötlich; die Randdornen neigen sich. Die Blüten sind grünlichgelb und trichterförmig, teils aber auch glockenförmig. Bei dieser Art sind viele Varietäten entstanden.

***Gymnocalycium mihanovichii* for. 'Rubra' (oben), *Gymnocalycium baldianum* (rechts).**

be stellen! Als Substrat verwendet man normale Kakteenerde, der etwas Humus beigemischt wird.
Vermehrt wird diese Gattung durch Aussaat. Sie eignet sich aber auch sehr gut als Pfröpfling. Berühmt sind hierbei die leuchtend farbigen Pflanzenkörper der Art *G. mihanovichii* f. *rubra* und *G. m.* f. *aurea.*
Aus Argentinien kommt *G. andreae* mit dunkel-blaugrünem

Haageocereus
Haageocereus

Dieser bunt bedornte Säulenkaktus kommt aus Peru. Er wächst in Gruppen, manchmal aufrecht, mitunter auch kriechend. Da er im Zimmer selten zum Blühen kommt, sind es die dichten Dornen, die seinen Schmuck ausmachen. Bei den meisten Arten sind sie dicht und weiß, gelb oder rosa bis rotbraun.
Haageocereus ist unproblematisch in der Pflege, im Sommer braucht er reichlich Sonne und viel frische Luft. Deshalb kann man ihn ruhig den ganzen Sommer über im Freien halten. Als Substrat bevorzugt er eine Kakteenspezialerde, die mit etwas Lehm und Sand angereichert wird. Im Winter steht der Kaktus kühl, allerdings nicht unter 0 °C. 3 bis 5 °C reichen völlig aus. Vermehrt wird diese Gattung aus den sich bildenden Seitensprossen, die man als Stecklinge verwendet oder durch Aussaat. Die Sprosse des *H. decumbens* sind nur 5 cm dick, sie biegen sich erst nieder, um später wieder aufrecht zu wachsen. Die dichtstehenden Blüten sind innen weiß und außen bräunlich; sie blühen nachts.
Breit öffnen sich die 8 cm großen Blüten von *H. versicolor.* Dieser wechselfarbige Kaktus wird bis anderthalb Meter hoch, bleibt dabei aber sehr schlank; seine Sprosse sind gerade 5 cm dick. Die Dornen haben in sich unterschiedliche Farbnuancen. Sie reichen vom Gelb bis Blutrot. In der Winterruhe werden die Dornen noch dunkler. Diese Art ist sehr pflegeleicht und robust. Die aus den Norden Perus stammende Art nimmt so schnell keinen Pflegefehler übel und verträgt auch Temperaturschwankungen recht gut.

Haageocereus versicolor.

Hatiora
Osterkaktus

Der Osterkaktus wird oft mit dem Weihnachtskaktus in einen Topf geworfen. In Wahrheit sind dies aber zwei verschiedenen Gattungen, die zwar viel Gemeinsames haben, sich

Hatiora salicornioides.

jedoch durch deutliche Unterschiede ihrer Blüten- und Blattformen abgrenzen: Die Sproßglieder der *Hatiora* sind niemals gezähnt, sondern abgerundet und in der Regel rötlich gefärbt. Der Osterkaktus kommt aus den südbrasilianischen Tropenwäldern und steht unter Naturschutz.
Er wächst epiphytisch, bildet kleine Sträucher mit gleichmäßig gegliederten, flachen bis kantigen Sprossen, die im Alter rund und borkig werden. Die weit offenen Blüten stehen in großer Zahl am Ende der Glieder. Die zwei Monate anhaltende Blütezeit beginnt zumeist im April. Das Farbenspiel liegt in allen Rottönen.
Osterkakteen brauchen ein wenig mehr Luftfeuchtigkeit und Wärme als die ähnlichen Weihnachtskakteen. Auch sollte man bei der Wahl des Substrates darauf achten, daß es absolut kalkfrei ist. Der Osterkaktus kann das ganze Jahr im Zimmer stehen, doch muß man pralle Sonne vermeiden. Ab Januar stellt man die *Hatiora* kühl und hell. Sobald sich die ersten Knospenansätze zeigen, muß man sie wieder wärmer stellen und auch reichlicher gießen. Im Sommer ruhig öfters besprühen, damit nicht Wolläuse und Rote Spinne auftreten!
Vermehrt wird der Osterkaktus aus Stecklingen, die leicht in feuchtem Sand bewurzeln.

Um auf Nummer »Sicher« zu gehen, mische ich der Kakteenerde stets etwas Moorbeeterde hinzu, so habe ich eine absolut saure Erde.

H. gaertneri hat scharlachrote Blüten und ist wohl der bekannteste Osterkaktus. Weniger bekannt ist *H. rosea* aus dem Südosten Brasilien. Sie wächst kleiner und buschiger und hat auch kleinere Blüten, die in einem hellen Rosa leuchten. Allerdings erscheinen die Blüten in großer Zahl. Ganz anders als der Osterkaktus sieht die Art *H. salicornioides* aus. Sie erinnert mehr an *Rhipsalis*, denn ihre Glieder sind rundliche kleine Stäbchen, die wie eine Kette aneinandergereiht sind. Die Blüten leuchten an den Triebspitzen in Gelb. Die Pflanze bleibt klein und wächst buschig. Sie braucht feuchtwarme Luft.

Lophophora williamsii.

Lophophora
Schnapskopf

Dieser Kaktus wächst im Süden der USA bis Nordmexiko und wird deshalb als »Schnapskopf« bezeichnet, weil in seinem Pflanzenkörper das Rauschmittel Mescalin enthalten ist. Im Zimmer bildet er diese Substanz aber kaum. Bei den Indios wird *Lophophora* als »Peyotl« – als Gottheit – verehrt. In genau bestimmter Zeremonie sammeln die Indios den Kaktus und genießen seine berauschende Wirkung bei kultischen Handlungen.
Dieser weichfleischige, unbedornte Kaktus wächst gut als Veredlung. Er sieht immer ein wenig zerknautscht aus. Der grünliche bis bläuliche Pflanzenkörper hat filzige Flecken. Die kleinen rosa Blüten erscheinen aus dem Scheitel.
Lophophora ist empfindlich gegenüber stauender Nässe am Wurzelhals, deshalb immer von unten gießen und auch das Substrat mit reichlich Sand anreichern, damit das Wasser schnell durchläuft. Bei starker Hitze kann man den Kaktus einsprühen – aber Vorsicht, nicht bei Sonne! Ansonsten kann diese Gattung einen sonnigen Platz bekommen. Im Winter muß sie trocken und kühl bei etwa 8 – 10 °C gehalten werden.
Vermehrt wird *Lophophora* durch Aussaat und durch Pfropfen. Beide Methoden sind recht einfach und gelingen immer. Aber man darf nicht vergessen, daß die Pflanze empfindlich gegenüber Staunässe ist. Deshalb immer gut drainiertes Substrat verwenden. Die Sämlinge werden anfangs nicht in die pralle Sonne gestellt; für ausreichend Frischluft ist ebenfalls zu sorgen.
Bekannt ist die Art *L. williamsii*, alle anderen Formen werden nicht als Arten eingestuft. Diese Art ist mit rosa Blüten ausgestattet. Sie bildet kleine Kindel, die man abnehmen, an der Luft trocknen und dann zur Vermehrung nutzen kann.

Mammillaria

Warzenkaktus

Diese artenreiche Gattung hat deshalb ihren deutschen Namen, weil die Rippen vollständig in Warzen umgewandelt sind. Mammillarien kommen sowohl in den USA als auch in Mittelamerika vor. Die meisten Warzenkakteen sind aber in Mexiko zu finden.

Mammillarien wachsen kugelförmig bis länglich. Die meisten sind gruppenbildend; die Ableger kann man zur Vermehrung nutzen. Diese Gattung zählt zu den leichten Blühern, die schon bei geringer Pflege ihre ganze Blütenpracht entfalten. Die kleinen sternchenförmigen Blüten bilden einen Kranz um den Scheitel. Da sie alle fast zur gleichen Zeit aufblühen, ist dieser Kranz ein besonderer Schmuck. Manche Arten bilden gleich mehrere Kränze. Zierend sind auch die roten oder gelben länglichen Früchte.

Mammillarien wachsen recht schnell, wenngleich sie auch nicht riesig werden. Ihre Pflege ist problemlos, man sollte sich aber eine Faustregel merken: Stark bedornte, weiße Formen können in der prallen Sonne stehen, grüne, schwach bedornte Exemplare haben nicht diesen Lichtschutz und sollten daher einen zwar hellen, aber auf keinen Fall vollsonnigen Platz bekommen.

Mammillarien benötigen nährstoffreiche, durchlässige Erde. Stark bedornte Arten von unten gießen. Im Winter sollten die Kakteen kühl, das heißt um 8 °C, und hell stehen. Dann werden sie auch sehr wenig gegossen.

***Mammillaria*-Arten.**

Mammillaria bocasana (oben), Die Früchte von _Mammillaria_ leuchten als rote Beeren (unten).

Rhod. Sulph.

Mammillaria kann durch Aussaat, durch Stecklinge oder auch durch Pfropfen vermehrt werden. Beide Methoden gelingen relativ einfach und sicher.
Die Art *M. albicans* ist fast weiß mit einem dichten, feinen Dornenkleid. Die Blüten bleiben klein, leuchten aber violett aus dem weißen Dornendickicht heraus. Die Früchte sind gelblich. Leicht zu pflegen ist die Art *M. bocasana,* deren grau-weißes feines Dornenkleid ein zusätzlicher Schmuck zu den hellvioletten Blüten ist. Sie gehört zu den Arten, die willig Jahr für Jahr blühen.
Schön bedornt ist auch die Art *M. calacantha,* deren Körper anfangs kugelig ist, erst später entwickelt sich daraus ein dicklicher Zylinder. Die Blütenkränze leuchten auf dem gelblich-bräunlichen Dornenkleid hellrosa. Auch die Früchte sind rosa, erst die reifen Samen färben sich gelbbraun.
Eine der frühesten Kakteenfunde überhaupt ist die Art *M. flavescens;* sie ist auf den Westindischen Inseln zu Hause. Ihre Blüten leuchten schwefelgelb, auch ihr Dornenkleid ragt in gelblichen Tönen über die weißwolligen Areolen. Im Alter wird sie von einer Kugel zur Säule und die Dornen färben sich rotbraun.

Melocactus

Melonenkaktus

Aus Mexico, Brasilien und Südamerika kommt dieser Kaktus, der erst nach etwa 10 Jahren blüht. Dann beendet er sein vegetatives Wachstum und bildet auf dem Schopf ein wolliges Cephalium, das mit Borsten durchsetzt ist. Hier entfalten sich spätnachmittags die kleinen roten Blüten.
Der *Melocactus* braucht viel Wärme und reichlich Feuchtigkeit. Auch ein gelegentliches Besprühen tut ihm gut. Das Substrat sollte humusreich sein. Alle drei Wochen im Spätsommer sollte man den Melonenkaktus mit einem Kakteenspezialdünger düngen. Der Melonenkaktus kann sonnig stehen, er ist auch für Hydrokultur geeignet. Seine Hauptwachstumszeit liegt im Herbst. Im Winter sollte er bei etwa 12 °C plaziert werden, wobei die Erde niemals gänzlich austrocknen darf. Sobald die Pflanzen ihren weißlichen Schopf – ihr Cephalium – gebildet haben, dürfen sie nicht mehr umgetopft werden.
Vermehrt werden Melokakteen durch Aussaat.
Einen schönen blauen Pflanzenkörper hat die Art *M. azureus.* Die weißen Dornen haben braune Spitzen; die Blüten sind dunkelrot. *M. curvispinus* ist grün und hat gebogene Dornen Der ganze Kaktus wird nur 20 cm hoch, sein Cephalium hingegen noch einmal 30 cm. Es ist weißwollig und mit roten Borsten durchsetzt. Die hellroten Blüten bleiben klein. Dieser Kaktus wächst in Brasilien zwischen Gräsern und Bromelien.
Bis zu 1 m hoch wird die Art *M. intortus,* die blaßgrünen Rippen drehen sich im Alter etwas. Die Dornen sind kräftig und von gelbbrauner Farbe. Das kurze Cephalium besteht in der Hauptsache aus braunen Borsten, aus denen die kleinen rosafarbenen Blüten herausschauen.
Variantenreich in der Bedornung zeigt sich die Art *M. peruvianus.* Es handelt sich hier um einen kugelförmigen Kaktus, mit scharfkantigen Rippen. Das Cephalium wird etwa 8 cm hoch, besitzt viele rötliche Borsten, die etwa 5 cm herausragen. Die Blüten sind dunkelrosa.

Melocactus peruvianus.

Opuntia

Feigenkaktus

Von Kanada bis nach Südargentinien reicht das Verbreitungsgebiet der Opuntien.
Sie ist wohl mit den rund 300 Arten die artenreichste Gattung der Familie der Kakteengewächse. Feigenkaktus heißt die *Opuntia* deshalb, weil ihre Früchte, die zum Teil eßbar sind, in Form und Geschmack an Feigen erinnern. Als allgemeines Merkmal kann man die jährlich sich bildenden »Ohren« bezeichnen. Sie stehen meist vom Pflanzenkörper ab, sind platt und mehr oder weniger bedornt. Manche Dornen, die fein und weich aussehen, haben tückische Widerhaken, deshalb sollte man beim Umtopfen der Opuntien immer Handschuhe tragen, weil man die Dornen schlecht wieder aus der Haut herausbekommt und es zu unangenehmen Entzündungen kommen kann. Die *Opuntia* wächst strauch- oder sogar baumartig. Die Blüten erscheinen in großer Farbenvielfalt an den oberen Rändern der Sprosse und öffnen sich weit.
Opuntien mögen eine leichte, aber nährstoffreiche Kakteenerde. Sie vertragen im Winter Temperaturen um 5–10 °C. Im Sommer möchten sie einen hellen und warmen Platz. Stehen sie von der Sonne geschützt, kann man die meisten Arten auch den ganzen Sommer über im Freien aufstellen.
Opuntien werden durch Aussaat oder aus Stecklingen vermehrt. Sie eignen sich auch für die Hydrokultur.
O. aurantiaca braucht viel Sonne, damit sich ihre orangefarbenen Blüten entfalten. Sie wächst dicht und buschig, mitunter auch kriechend. Die keulenförmigen Triebe sind dunkelgrün und haben braune Dornen.
Die »Himmelblaue Opuntie« wird wegen ihres blaugrünen Pflanzenkörpers *O. azurea* genannt.
O. erinacea var. *utahensis* hat rote, rosa-orange Blüten. Die Pflanze wird nicht höher als 25 cm und ist sogar winterhart, wenn man sie mit Laub oder Mulch abdeckt.
O. ficus-indica kann ein 5 m hoher Baum werden; sie bildet dann einen Stamm und eine

Opuntia microdasys.

herrliche Krone. Die breiten Triebe werden bis zu 50 cm lang und sind oval geformt. Diese Opuntie ist dornenlos und leuchtet nur mit ihrem grünlich blauem Pflanzenkörper. Die gelben oder orangeroten Blüten werden 10 cm groß. In den Tropen und Subtropen wird *O. ficus-indica* wegen ihrer schmackhaften Früchte als Nutzpflanze angebaut. *O. microdasys* ist zierlich und mit winzigen weißen oder gelben Borsten ausgestattet, die wie Punkte aus Samt wirken, aber häßliche Widerhaken haben. Die Triebe sind sattgrün, die Blüten sind erst gelb und später beim Verblühen rötlich. Diese Art ist mit allen ihren Varianten eine sehr dekorative Art und darf in keiner Kakteen-Sammlung fehlen.

***Opuntia erinacea* var. *utahensis*.**

Parodia
Parodie

Aus Argentinien, Bolivien, Paraguay und Brasilien kommen diese zumeist kugelförmigen winzigen Kakteen. Die stark gefärbten Dornen sind gerade, gebogen oder hakenförmig. Sie stellen in der blütenlosen Zeit einen nicht zu unterschätzenden Schmuck für diese kleinen Pflanzen dar. Schon als Sämlinge können sie blühen. Ihre großen, anfangs trichterförmigen, dann sich breit öffnenden Blüten erscheinen in den Farben Gelb, Orange und Rot. Bei einigen Arten kann man die Blühwilligkeit und das Wachstum durch Pfropfen fördern.
Parodien benötigen eine gute Kakteenerde, um die Bildung von Faserwurzeln zu unterstützen. Im Sommer möchten sie einen hellen, aber nicht vollsonnigen Standort. Sie brauchen viel Frischluft und reichlich Wasser in der Hauptwachstumszeit. Dabei sollte man möglichst von unten gießen, sonst bekommt der Pflanzenkörper häßliche Flecken. Im Winter stehen Parodien hell und luftig und bei mindestens 8 °C. Vermehrt werden diese kleinen Kakteen durch Aussaat und durch Pfropfen.
P. aureicentra hat eine kugelige bis gestreckte Form und wird ca. 15 cm groß. Die Areolen sind weißwollig, die Randdornen wie Borsten so fein und werden 40 cm lang. Die Mitteldornen sind stark und rötlich bis goldbraun gefärbt. Die 4 cm große Blüte leuchtet hellrot.
»Golddornige *Parodia*« nennt man die Art *P. chrysacanthion*, weil sowohl die borstenförmigen Randdornen als auch die Mitteldornen goldgelb gefärbt sind.

Parodia chrysacanthion.

Die zahlreichen Blüten erinnern an eine Glocke und sind von hellgelber Farbe. Diese Art ist ein besonders schön bedornter Dauerblüher.
P. maasii besitzt stark ausgebildete Rippen. Die Randdornen sind braun, die Mitteldornen gelb gefärbt. Die Blüten leuchten kupferrot. *P. microsperma* ist anfangs kleinkugelig. Erst im Alter entwickelt sie sich säulenförmig und wird bis zu 20 cm hoch. Die Dornen sind rotbraun gefärbt. Die gelben Blüten haben einen Durchmesser von 4 cm.
Weinrote Blüten hat die weißlich bedornte *P. schwebsiana,* die nur 12 cm hoch wird. Die Rippen sind stark ausgeprägt und spiralig angeordnet. Im Alter werden die Dornen braun.

Parodia maasii **(oben),**
Parodia schwebsiana **(links) var.**
applonata.

Pilosocereus
Behaarter Cereus

Dieser schöne Kaktus ist in Mexiko und Südamerika verbreitet. Er wächst baum- oder strauchartig, verzweigt sich und fällt besonders durch sein dichtes Wollkleid in der Blütenzone und durch den blaubereiften Pflanzenkörper auf. Bei den weißen Haaren handelt es sich um Dornen oder Borsten – es ist kein Cephalium, wie man vielleicht annehmen würde. *Pilosocereus* ist schnellwüchsig, er braucht also nicht veredelt

Pilosocereus palmeri **(oben).**

werden. Die Blüten sind glockenförmig. und blühen meistens weiß, seltener rosa oder rot.
Dieser behaarte Kaktus braucht im Winter mehr Wärme als all die anderen Kakteen. Um 12 °C liegt die richtige Temperatur. Allerdings muß er dann auch etwas mehr gegossen werden. Als Substrat bevorzugt er eine lehmhaltige Erde, die mit Sand angereichert wird. Im Sommer kann man den Kaktus ins Freie stellen, er verträgt auch volle Sonne gut. Da er nicht nässeempfindlich ist, gedeiht er in Hydrokultur ebenso.
Vermehrt wird der *Pilosocereus* durch Aussaat; der Samen keimt relativ schnell.
P. glaucescens ist eine Art, die einen blaugrünlichen Pflanzenkörper besitzt und relativ kälteempfindlich ist. Sie darf im Winter nicht unter 15 °C stehen. Dieser Kaktus kann bis zu 10 m hoch werden, seine Triebe sind dann etwa 10 cm dick. Die Randdornen sind weißlich, die Mitteldornen bräunlich, die weißen Haare hängen herab. Die Blüten werden 7 cm groß und blühen weiß.
Sehr schön blüht die Art *P. palmeri* und das auch unter Zimmerbedingungen bei einer Höhe von etwa 60 bis 80 cm. Ansonsten kann diese Art aus dem Osten Mexicos 6 m hoch werden. Der Pflanzenkörper ist bläulich angehaucht.

Beim Gießen nicht unbedingt den Pflanzenkörper von oben in Scheitelnähe benetzen, denn dann kann man das schöne Wollkleid um die Blüten herum leicht mit abspülen.

Rebutia
Zwergkaktus

Sie sind wirklich die Zwerge unter den Kakteen und man staunt immer wieder über die seitlich herausragenden Trichterblüten an den winzigen Kugeln.
Rebutien kommen in Argentinien und im Nordosten Boliviens vor, dort gedeihen sie in hohen Lagen auf kargem Land. Dennoch sollte man der Kakteenerde etwas Humus und etwas Sand beimischen, um auch schöne kräftige Pflanzen zu bekommen.
Die Dornen sind sehr fein und hell, die Rippen erinnern an die Warzen der *Mammillarien.* Im Sommer kann man diese kleine Kakteen ruhig ins Freie stellen, denn sie mögen es luftig und sonnig. Im Winter benötigen sie einen kühlen Platz um 8 °C und nur sehr wenig Wasser. Mit dem Gießen sollte man im Frühjahr auch erst dann beginnen, wenn sich die ersten Knospen zeigen. Gedüngt wird über Sommer zweimal mit einem Kakteenspezialdünger.
Da sie nässeempfindlich ist, empfiehlt es sich, diese Kakteengattung nur von unten zu gießen. Rebutien werden durch

Rebutia-Arten.

Aussaat vermehrt, die Aussaatgefäße müssen gut belüftet und auch nur vorsichtig befeuchtet werden. Sie bilden auch Kindel, die man abnehmen kann und zur Stecklingsvermehrung nach dem Abtrocknen an der Luft nutzt.
R. glomeriseta wird auch die »Knäulborstige Rebutie« genannt, weil ihre 3 cm langen borstenartigen Dornen stark miteinander verflochten sind. Sie umhüllen den kleinen, nur 6 cm großen Pflanzenkörper dicht wie ein weißes Gespinst. Die Blüten erscheinen gelb.
R. krainziana ist sehr klein, nur 4 cm groß wird eine erwachsene Pflanze. Der Pflanzenkörper ist frischgrün, die Areolen auffallend weiß. Genauso groß wie

***Rebutia marsoneri* (oben), *Rebutia miniscula* (links).**

die ganze Pflanze wird die tiefdunkelrote Blüte. Eine der schönsten Rebutien, meine ich. Sehr zeitig im Frühjahr zeigt *R. marsoneri* ihre gelben Blüten. Die Dornen sind an dem 5 cm hohen Kakteenkörper verschieden, manchmal weißlich, oft aber auch bräunlich gefärbt. Rot blüht bereits ein bis zwei Jahre nach der Aussaat *R. miniuscula,* die auch nicht größer als 5 cm wird. Sie bildet viele Nebensprosse. Ihr Pflanzenkörper ist hellgrün, die Rippen verlaufen spiralig, sie sind in

Warzen zerteilt. Auf alle Fälle ein sicherer Blüher!

R. senilis hat eine Fülle von borstig dünnen, sehr weißen, abstehenden Dornen. Unter den Rebutien ist diese Art als groß einzustufen, denn sie kann 8 cm hoch werden und dabei einen Durchmesser von 7 cm erreichen. Die Blüten leuchten rot und haben einen Durchmesser von etwa 4 cm.

R. wessneriana ist ebenfalls recht groß, immerhin 8 cm hat sie aufzuweisen. Der Pflanzenkörper ist grün, bei starker Sonneneinstrahlung färbt er sich rötlich dunkel – was aber keinen Schaden darstellt. Diese Rebutie bildet viele Seitensprosse. Die Blüten sind etwa 5 bis 6 cm groß und leuchtend rot.

Rhipsalis
Binsenkaktus

Diese Art sieht einem Kaktus nun gar nicht ähnlich. Dennoch gehört diese epiphytisch wachsende Pflanze aus den Wäldern Brasiliens, Madagaskars, Südamerikas, Floridas und Sri Lankas zur Familie der Kakteengewächse. Dies ist auch die einzige Gattung, die nicht nur auf dem amerikanischen Kontinent zu Hause ist. Ob fadendünn oder fingerdick, die Sprosse haben eines gemeinsam: Sie sind an langen Gliedern aneinandergefügt, verzweigen sich quirlig und ranken üppig herab. Ein schöner Schmuck sind an sich nicht die winzigen Blüten, sondern vor allem die Früchte, die wie runde Perlen, in Weiß, Rot oder Violett die Pflanze zieren.

Diese Kakteengattung hat keine Dornen, sondern nur wenige Borsten. Auch hat sie aufgrund ihrer heimatlichen Bedingungen, keine sukkulenten Pflanzengewebe, so daß stets reichlich gegossen werden muß. Im Sommer kann man *Rhipsalis* an einen schattigen Platz ins Freie bringen. Sonne behagt ihr gar nicht. Auch im Winter darf sie nicht unter 12 °C stehen und muß daher auch immer gegossen werden, zwar nicht so reichlich wie im Sommer, weil sie im

Rhipsalis grandiflora.

Winter blüht, aber austrocknen darf dieser Kaktus nicht.
Beim Substrat macht *Rhipsalis* auch eine Ausnahme gegenüber den anderen Kakteengattungen: Nicht Sand ist angesagt, sondern eine humusreiche Erde, der etwas Lauberde beigemengt werden kann.
Vermehrt wird *Rhipsalis* durch Stecklinge, die man 3 bis 5 Tage an der Luft trocknen läßt und dann in feuchte Erde steckt. Auch durch Aussaat kann man diesen Kaktus vermehren.
R. clavata wächst anfangs aufrecht und hängt erst später herab. Die Triebe sind keulenförmig, verzweigen sich und gabeln sich stark. Die Blüten sind weiß und glockenförmig.
R. crispata nennt man auch die »Gekräuselte *Rhipsalis*«, weil die Triebe, die sich sehr stark verzweigen, wellig herabhängen. Die 1,5 cm großen Blüten erscheinen in Gruppen an den Seiten der Triebe, sie sind crèmegelb.
Wie weiße Flocken sehen die Areolen der Art *R. floccosa* aus, zudem erscheinen die weißen Blüten aus einem Büschel wollfilziger, gelblichweißer Borsten.
R. grandiflora hat relativ große Blüten für diese Gattung, ganze 2,5 cm groß sind die seitlich an den Trieben erscheinenden weißen Blüten. Die Sprosse sind im Jugendstadium rötlich, sie werden erst im Alter frischgrün.
Kurze, dreikantige Triebe hat die strauchig herabhängende Art *R. paradoxa*, ihre 2 cm langen Blüten erscheinen einzeln an jedem Triebende.

Selenicereus
Schlangencereus

Er ist in Mexico ebenso zu Hause wie im Süden der USA, in Westindien und an der Küste von Mittelamerika. Seine Triebe sind schlank, klimmend oder rankend und haben kräftige Luftwurzeln. Die Dornen sind nur kurz, oft fehlen sie an den kantigen Sprossen. Das Besondere an dieser Gattung sind die Riesenblüten, die in Weiß, Crème oder auch mehreren Nuancen nachts ihre duftende Pracht entfalten.
Man kann *Selenicereus* in Kakteenerde wachsen lassen, schneller gedeiht er aber in einer Erde, der etwas Humus beigemischt wurde. An einen halbsonnigen bis vollsonnigen Platz fühlt sich der Schlangenkaktus am wohlsten. Er benötigt im Sommer nicht nur reichlich Gießwasser, sondern auch eine hohe Luftfeuchtigkeit. Im Winter sollte er bei 8 bis 10 °C kühl und trocken stehen.
Da *Selenicereus* relativ groß wird, sollte man ihm ein festes Klettergestell als Rankhilfe geben und die Triebe ständig neu anbinden.
Vermehrt wird diese Gattung durch Aussaat; schneller geht es durch Stecklinge, die man an der Luft vor dem Einsetzen trocknen läßt. Oftmals zeigen sich dann schon die ersten Wurzelansätze.
Berühmt ist die Art *S. grandiflorus*, die »Königin der Nacht«, denn ihre riesigen, oft in reicher Zahl erscheinenden Blüten sind wirklich ein Ereignis. Jede Blüte

Selenicereus grandiflorus.

blüht nur eine Nacht, geht langsam in der Abenddämmerung auf und ist am anderen Morgen verblüht. Die Blüten werden 20 bis 30 cm groß. Die äußeren Blütenblätter sind braun, die inneren weiß.
Glänzend hellgrüne Triebe hat *S. hamatus,* die Triebe sind nur 2 cm dick und vierkantig. Diese Gattung hat 1 cm lange Triebstücke, die hervorstehen und als Halterung beim Klimmen dienen.
Wohl die größe Blüte in dieser Gattung hat *S. hamatus* aufzuweisen, denn sie wird 40 cm groß, ist außen bräunlich rot und innen weiß. Er blüht auch über Nacht.
S. inermis ist völlig unbedornt, die Triebe haben nur einen Durchmesser von 1,25 cm, die weißen Blüten werden 15 cm groß und erscheinen am Grunde rötlich. Auch diese Art blüht nur nachts.

Wenn ich die Gattung *Selenicereus* umtopfe, hülle ich die Triebe in eine Decke, damit sie nicht abgebrochen werden.

Die Welt der anderen Sukkulenten

Was sind Sukkulenten?

Sukkulenten, zu denen auch die Kakteengewächse gehören, sind Pflanzen, die in der Lage sind, in den Blättern, der Sproßachse oder in den Wurzeln das aufgenommene Wasser als Zellsaft zu speichern. Damit überstehen sie längere Trockenperioden ohne jegliche Probleme und haben sich somit den Bedingungen ihrer Umgebung angepaßt.
Man unterscheidet **Blatt-** und **Stammsukkulenten**.
Die Blattsukkulenten haben sich außerdem noch mit schützenden Vorrichtungen ausgestattet, um an trockenen Standorten zu überleben: Zum einen besitzen sie eine stark verdickte Cuticula und versenkte Spaltöffnungen. Auf diese Weise setzen sie die Verdunstung auf ein Minimum herab. Typische **Blattsukkulenten** sind: *Lithops, Aloe, Gasteria, Haworthia* und *Agave*.
Die **Stammsukkulenten** haben einfach keine oder nur sehr unscheinbare Blätter und verringern damit die Verdunstungsfläche. Ideal ist dabei die Kugelform wie bei *Euphorbia obesa*.
Sukkulenten gehören vielen verschiedenen Familien an und kommen aus den unterschied-

lichsten Regionen der Erde, so auch aus Afrika. Sie sind leicht erkennbar an den verdickten Sproßteilen. Ansonsten sind sie von ganz verschiedener Gestalt. Es gibt auch in Europa viele Stauden für den Garten, die man als Sukkulenten bezeichnet. So sind die meisten Steingarten- oder Dachstauden Sukkulenten. Die Formenvielfalt und Farbenpracht bei sukkulenten Gewächsen ist riesig. Doch haben sie oftmals nicht wegen der Blüten eine Bedeutung für uns, sondern wegen der interessanten äußeren Gestalt und vielfach prächtigen Ausfärbung und Musterung der Blätter. Sie sind in der Pflege ähnlich zu behandeln wie die Kakteen, doch ist die extreme Winterruhe bei den meisten nicht angesagt, weil sie auch im Winter etwas höhere Temperaturen und etwas Feuchtigkeit benötigen.

Sukkulenten haben oft dickfleischige Sprosse, um auch mit wenig Wasser über lange Zeit zu überleben, wie hier in der Wüstenregion.

Andere Sukkulenten im Porträt

Adromischus

Kurzstiel

Familie Crassulaceae

Diese kleine, buschig wachsende Sukkulente aus Südafrika kann es nicht hell genug haben. Je heller und sonniger die Pflanze steht, desto stärker ist die Blattfärbung ausgeprägt. Die dicken Blätter sitzen auf kurzen Stielen. Im Winter kann man ihn kühl stellen (nicht unter 8 °C) und gießt entsprechend weniger, oder man läßt ihn im warmen Zimmer am hellen Fenster und gießt natürlich reichlicher. Als Substrat verwendet man leichte Erde.
Vermehrt wird der Kurzstiel durch Stecklinge, die einige Zeit an der Luft trocknen sollten.
Am bekanntesten ist die Art *A. cooperi*, auch *A. maculatus* ist verbreitet.

Adromischus cooperi.

Aeonium arboreum (links), *Aeonium arboreum* 'Atropurpureum' (rechts).

Aeonium

Rosettenbäumchen

Familie Crassulaceae

Bei dieser Sukkulente aus Marokko und von den Kanarischen Inseln wirken die grünen oder dunkelroten Rosettenblätter auf den verzweigten Stämmen wie Blüten. Zudem ist es eine sehr unproblematische Pflanze, die leicht zu pflegen ist. Die Äste sind mehr oder weniger stark gebogen, was dieser Pflanze ein exotisches Aussehen gibt. Die Blüten sind gelb und erschienen in dichten Büscheln über den Rosetten an seperaten Ästen. Es gelingt aber kaum jemanden, *Aeonium* unter Zimmerbedingungen zum Blühen zu bringen.
Ein sonniger Platz ist das Beste für diese Pflanze. Im Sommer kann sie sogar ins Freie ausgepflanzt werden. Mit dem Gießen sollte man es nicht zu gut meinen, weil *Aeonium* sonst die Blätter fallen läßt. Als Substrat verwendet man nährstoffreiche Erde mit reichlich Sand.
Stehen die Pflanzen zu dunkel, werden grüne Exemplare hell und rötliche Pflanzen fallen ins Grün zurück.
Im Winter sollte man das Rosettenbäumchen kühl und frostfrei bei wenig Wasser überwintern, allerdings dürfen die Temperaturen nicht unter 10 °C sinken.
Vermehrt wird durch Stecklinge, indem man ganze Rosetten oder auch Blätter an der Luft trocknen läßt und dann in die Erde zum Bewurzeln steckt.
A. arboreum ist an sich grün, jedoch ist die Sorte *'Atropurpureum'* dunkelrot, vergrünt aber im Winter bei Lichtmangel. Sobald die Sonne wieder da ist, färbt sich die Pflanze wieder rot. Diese Art ist stamm- und astbildend und erinnert im Äußeren an ein kleines Bäumchen.
A. tabuliforme hat Rosettenblätter, die flach auf der Erde liegen. und aus vielen Einzelblättern bestehen. Die Pflanze stirbt nach der Blüte ab.

Agave
Agave

Familie Agavaceae

Agaven sind eigentlich keine Zimmerpflanzen im typischen Sinne, aber man kann sie auch nicht als Gartenpflanzen bezeichnen, da sie ja den Winter über unbedingt ins Haus müssen. Sie werden Kübelpflanzen genannt. Sie kommen aus dem Süden Nordamerikas und dem Norden Südamerikas. Dort wachsen sie in Regionen, in denen es heiß und trocken ist, zu riesigen Exemplaren heran. Agaven haben dicke Blätter mit spitz auslaufenden Enden. Die

***Agave americana* 'Marginata' (oben),**
***Agave filifera* (links).**

Blätter entspringen einer Mitte. Die meisten Agaven sind stammlos. Es gibt weiß gestreifte Agaven, rein grüne und gelb gestreifte Arten. Sie alle mögen einen sonnigen Platz – am besten im Sommer im Freien. Als Substrat reicht eine humose Erde, die reichlich mit Sand vermischt wurde. Agaven sollten im Sommer regelmäßig gegossen werden, aber immer erst dann, wenn die Erde im Topf völlig ausgetrocknet ist.
Agaven bilden reichlich Kindel, die man zur Vermehrung nutzen kann.
Im Winter stellt man die Agaven frostfrei bei etwa 10 °C auf und

gießt sie dementsprechend wenig. Der Raum muß hell sein, sonst bilden die Pflanzen gelbliche weiche Spitzen, die sich zudem noch schief nach dem Licht richten.
Nach dem Blühen stirbt die Pflanze ab.
A. americana ist die wohl größte Agave, sie kann einen Umfang von 3 m erreichen. Ihre Sorten *'Marginata'* und *'Variegata'* mit gelber und weißer Blattzeichnung sind besonders dekorativ.
A. filifera bleibt klein und gedrungen, an den Blattenden lösen sich Fäden. *A. stricta* hat ganz schlanke Blätter, die aber in großer Anzahl erscheinen.
A. yuccifolia trägt auf den grünen Blättern feine rote Punkte.

Beim Umtopfen meiner Agaven wickele ich sie eine Decke, damit ich mich nicht an den scharfen Spitzen verletze.

Aloe

Aloe

Familie Liliaceae

Diese seit altersher bekannte Zimmerpflanze kommt aus Süd-, Zentral- und Ostafrika. Auch auf Madagaskar ist sie zu Hause. Kleine Arten sind durchaus für das Zimmer geeignet. *Aloe* hat rosettenförmig angeordnete Blätter, die spitz auslaufen. Sie sind sehr dickfleischig und oft gemustert oder farbig. Auch bei warmen Winterstandort entfaltet die *Aloe* bereits in Januar und Februar ihre leuchtenden Blütenständen, die sich an langen Stielen über die Blattrosette erheben. Einige Arten der Aloe werden in der Arzneimittelindustrie genutzt. Es gibt auch Arten, die in ihrer Heimat baumartig wachsen.

Als Substrat genügt der Pflanze eine Kakteenspezialerde. Gegossen wird nur mäßig.
Im Sommer sollte man *Aloe* ins Freie stellen, pralle Sonne ist

Aloe arboerescens.

aber anfangs auf jeden Fall zu vermeiden. Erst, wenn sich die Pflanze an den neuen Standort gewöhnt hat, kann man sie auch in der Sonne belassen. Auch sollte man darauf achten, daß die Pflanze nicht Dauerregen ausgesetzt wird, denn stauende Nässe ist nicht gut für sie. Man gießt erst dann, wenn die Erde völlig ausgetrocknet ist.
Vermehrt wird *Aloe* durch Ableger, die sich reichlich bilden. Man nimmt sie von der Mutterpflanze ab und topft sie neu ein. Man kann sie auch durch Aussaat vermehren.

Wenngleich sich die meisten Zimmeraloen auch im Winter im warmen Zimmer halten lassen, so ist es doch auf alle Fälle besser, sie etwas kühler (z. B. Treppenhaus) zu stellen. Dann wird auch nicht mehr so reichlich gegossen.
A. arborescens wächst ziemlich groß, verzweigt sich und bildet von unten her einen Stamm. Sie ist auch eine dankbare Kübelpflanze. Ihre dickfleischigen Blätter sind dunkelgrün und am Rande bedornt. Schön ist die rosettenbildende *A. aristata*, ihre Blätter sind borstig gezähnt.
A. variegata besitzt gelbgrüne Blätter, die wie Dachziegel übereinander angeordnet sind.
A. vera ist die berühmte *Aloe*, die sowohl medizinischen als auch kosmetischen Zwecken dient.

Aloe variegata.

Conophytum
Kegelpflanze

Familie Aizoaceae

Diese reizenden Gewächse aus der Familie der Mittagsblumengewächse kommen aus Südafrika. Sie wachsen meist in Gruppen. Ihre kleinbleibenden fleischigen Körper sind bläulich bereift und bei manchen Arten mit kleinen Punkten oder Flecken gemustert. Die Körperform erinnert an umgekehrte Kegel.
Es gibt zwei Gruppen von *Conophytum*, die eine erscheint deutlich wie zwei aufrecht stehende dicke Blätter, aus deren Mitte die Blüte kommt, die andere ist wie ein Körper, die zwei Blätter sind fest zusammengewachsen, nur ein kleiner Spalt bleibt oben offen. Diese interessanten Sukkulenten schrumpfen in der Ruhezeit fast völlig zusammen. Übrig bleibt nur ein Stück trockener Haut und man meint, die Pflanze sei eingegangen. Mit Beginn der Vegetation – etwa im Juni bis Juli – geht es dann rasant weiter und die ersten dicken Blätter schieben sich nach oben. In der Hauptwachstumszeit bedecken dann die vielen zarten, pastellfarbenen Blüten die gesamte Pflanze. Die Ruhezeit beginnt für diese Sukkulente erst im Januar, dann stellt man sie bei etwa 14 °C auf und stellt das Gießen fast ein. Nach Ende der Ruhezeit erst vorsichtig mit dem Gießen beginnen, denn die Pflanzen faulen leicht. Sowieso sollte man

***Conophytum*-Arten.**

diese empfindlichen Pflanzen erst dann gießen, wenn die Erde vollständig abgetrocknet ist. Als Substrat bevorzugt *Conophytum* leichte, humusreiche, sandige Erde. Viel Frischluft und einen Standort, an dem die Pflanzen vor direkter Sonne geschützt stehen, ist das beste für diese schöne Mittagsblume. Vermehrt wird *Conophytum* durch Teilen älterer Pflanzen, da sie ja starke Gruppen bilden, oder durch Aussaat.
C. obcordellum bildet mit ihren runden kleinen Körperchen, die aus zwei miteinander fest verwachsenen Blättern bestehen, mit der Zeit dichte Rasen, die mit zarten gelben Blüten bedeckt werden. Die Blüten duften. *C. ficiforme* blüht violett und duftet süßlich. *C. saxetanum* blüht weiß.

Crassula
Dickblatt

Familie Crassulaceae

Die meisten der 300 Arten kommen aus Südafrika und haben sich als Zimmerpflanze hervorragend bewährt. Ihre Größe und Ihr Wuchs sind sehr unterschiedlich. Doch alle haben dicke fleischige Blätter, die zwar klein, aber dennoch auffallend sind, weil sie zu sehr vielen zusammenstehen. Die meisten Arten von *Crassula* werden riesig und

Als Substrat verwendet man normale Kakteenerde. Im Frühjahr kann man etwas Dünger verabreichen.
Vermehrt wird *Crassula* durch Aussaat oder noch besser durch Blattstecklinge oder Triebstecklinge oder durch das Teilen älterer Pflanzen.
C. arborescens ist in ihrer Heimat ein großer Strauch oder kleiner Baum. Bei uns wird sie nach Jahren 80 cm hoch und blüht auch selten weiß bis rosa. Die dicken fleischigen Blätter sind eiförmig, haben eine weiche Spitze und sind wachsartig bereift. Als Unterscheidungsmerkmal zu anderen Arten erkennt man auf den Blättern kleine rote Punkte.
C. columnaris bildet kleine Stämmchen, die völlig von den runden bis elliptischen Blättern bedeckt werden. Sie sind muschelförmig und am Rande

Crassula arborescens **(oben),**
Crassula perfoliata **(rechts).**

bilden in ihrer Heimat regelrechte Bäume und Sträucher. Doch auch unter Wohnraumbedingungen können sich stattliche Exemplare entwickeln, die sogar blühen.
Crassula braucht einen hellen, fast sonnigen Platz. Im Sommer ist ihre eigentliche Ruhezeit, deshalb nur sparsam gießen. Im Winter sollten die Pflanzen kühl und ebenso trocken stehen, auch viel Frischluft ist wichtig.

besitzen sie Wimpern. Da die Blätter so dicht übereinander liegen, hat man den Eindruck, hier ein kugeliges Exemplar zu haben. Sobald sie beginnen, zu blühen, spreizen sich die Blätter auseinander und die weißen Blütenstände ragen heraus. Nach der Blüte stirbt die Mutterpflanze ab, doch in der Zwischenzeit haben sich viele kleine Tochterpflanzen gebildet, die herabfallen und neu wurzeln.
C. perfoliata hat wunderschön leuchtend rote Blüten und dunkelgrüne, dachziegelartig übereinanderstehende Blätter. Sie sind so dicht, daß sie fast wie Stiele wirken. Diese Art bleibt klein und ist auch unter dem Namen *Rochea* bekannt.
Im Winter blüht die Art *C. lactea* mit weißen duftenden Blüten. Die eiförmigen Blätter laufen spitz aus, die Triebe erscheinen niederliegend. Diese Art sollte man über Sommer unbedingt ins Freie stellen.

Echeveria

Echeverie

Familie Crassulaceae

Die meisten Arten dieser Gattung sind in Amerika verbreitet, von Texas über Kalifornien bis nach Argentinien gibt es rund 100 verschiedene Echeverien-Arten. Die meisten wachsen rosettenartig und bleiben niedrig. Sie alle sind dankbare Zimmerpflanzen, wenn sie ausreichend Licht haben und nur mäßig gegossen werden. Ihre nickenden kleinen Blüten erscheinen am Stiel in Orange, Gelb, Rot oder Rosa. Als Substrat verwendet man kräftige, lehmhaltige Erde, der etwas Sand beigemischt wird, damit die Pflanzen nicht faulen. Dies ist besonders dann wichtig, wenn man sie im Sommer ins Freie stellen will und starke Regenfälle kommen. *Echeveria* möchte einen sonnigen Platz und im Winter einen hellen, aber kühlen Standort um 10 °C, dann wird auch nur sehr sparsam gegossen. Im Sommer kann man die Pflanzen aller drei Wochen mit einem Kakteendünger düngen. Vermehrt werden Echeverien durch Blattstecklinge, die man einige Tage an der Luft trocknen

Echeveria agavoides.

läßt und dann in feuchtes Sand-Erde-Gemisch steckt.
E. agavoides erinnert an eine Agave, weil die breiten dreieckigen Blätter spitz auslaufen. Diese Art bildet kleine Stämmchen. Bei guter Pflege wird sie 30 cm hoch. Ihre Blätter sind hellgrün, färben sich bei starker Sonne rötlich. Die Blütenstiele ragen 50 cm hoch, die Blüten haben gelbe und rote Färbung.
E. carnicolor besitzt dickfleischige Blätter, die schwach bereift sind und zudem rosig und metallen schimmern. Die Blütenstände wachsen 20 cm hoch und blühen rot. *E. laui* kommt aus Mexiko und blüht von Oktober bis März.
E. secunda bildet stammlose Rosetten mit sehr vielen eiförmigen Blättern, die an sich grün sind, im Alter oder in der Sonne aber rötlich werden. Die Blätter haben am Rand eine Spitze, die wie aufgesetzt wirkt. Die Blüten sind leuchtendrot mit gelben Spitzen. Diese Art bildet sehr reichlich Ausläufer und bedeckt regelrecht den gesamten Topf.
E. setosa bildet sehr flache bis kugelförmige Rosetten. Die blaugrünen Blätter sind beiderseits dicht mit weißen Haaren bedeckt. Die Blüten erscheinen in Orange. Sehr vorsichtig gießen!

Euphorbia
Wolfsmilch

Familie Euphorbiaceae

Diese artenreiche Gattung ist praktisch auf der ganzen Erde verbreitet. Doch die hier erwähnten Arten kommen meistens aus Afrika. Sie haben alle giftigen Milchsaft, deshalb beim Umtopfen oder Vermehren vorsichtig vorgehen, damit dieser Saft, der ätzend ist, nicht in die Augen gelangt. Die Euphorbien sind so vielgestaltig, daß man sie kaum in wenigen Worten beschreiben kann. Mitunter sehen sie aus wie ein Kaktus, manchmal wie eine Blattpflanze und oftmals wie eine Staude. Hier sollen die sukkulenten Arten ein wenig beschrieben werden.
Euphorbien brauchen im Sommer einen warmen und sonnigen Platz, im Winter sollte er hell sein und nicht so kühl wie bei den meisten anderen Sukkulenten. Um 15 °C ist die richtige Temperatur. Viele vertragen auch trockene, warme Zimmerluft.

Echeveria laui.

Als Substrat verwendet man eine humusreiche, leicht sandige Erde. Euphorbien sollten im Sommer reichlich gegossen werden, bei Wärme auch im Winter. Vermehrt werden Euphorbien aus Samen und Stecklingen. Diese sollte man einige Zeit ins warme Wasser stellen, damit der Milchsaft austritt. Danach legt man die Stecklinge einige Tage zum Trocknen an die Luft und steckt sie dann in ein Sand-Erde-Gemisch. Euphorbien wachsen relativ schnell und sind oftmals nur durch einen starken Rückschnitt zu bändigen. Interessant ist die Art *E. caput-medusae,* das »Medusenhaupt«. Diese Pflanze besitzt eine Rübenwurzel. Aber das Auffallende an ihr sind die graugrünen langen Triebe, die aus einer Rosette entspringen und auf dem Boden bleiben. Nur die Spitzen heben sich empor. Sukkulente Blattpolster bedecken die Triebe. Die Blätter selbst sind sehr klein und fallen bald ab. Die Blüten erscheinen reichlich in den Achseln der Blattpolster und haben große Honigdrüsen, die einen auffallenden Schmuck bilden. *E. grandicornis* sieht einem Kaktus sehr ähnlich. Sie bildet dreirippige, kantige Glieder, die auf einem Stamm stehen und sich verzweigen. Der bekannte Christusdorn, *E. milii,* blüht in vielen Farben.

E. esculenta hat runde Sprosse, die alle rosettenförmig aus einer Mitte hervorkommen. Die Glieder sind dick und an den Enden abgerundet. Sie haben eine mehlig weiße Farbe und sind sehr dekorativ.

Einem Kaktus, nämlich *Astrophytum,* sieht *E. obesa* ähnlich. Zur Gattung *Euphorbia* gehören noch der Weihnachtsstern, *E. pulcherrima.*

Euphorbia grandicornis (links), _Euphorbia milii_ (unten).

Faucaria

Tigerrachen

Familie Aizoceae

Zu den Mittagsblumengewächsen gehört diese Gattung aus Südafrika. Sie ist eine pflegeleichte Pflanze, die uns mit reichlichem Blühen erfreut und zudem durch ihre gezähnten, dickfleischigen Blätter ein interessantes Aussehen hat.
Faucarien sind meistens stammlos. Ihre dreikantigen Blätter sitzen auf dem Boden auf, sie wachsen oft in Gruppen. Im Spätsommer öffnen sich bei Sonne die gelben Blüten.
Sie mögen einen sonnigen Platz, im Sommer auch im Freien, weil Faucarien viel frische Luft benötigen. Allerdings sollten sie dann vor Regen geschützt stehen, denn gegen stauende Nässe sind sie empfindlich.
Im Winter stellt man sie relativ warm – 10 bis 15 °C – und gießt so gut wie gar nicht. Nur alle drei Wochen sollte der Pflanze etwas Wasser gegeben werden. Dieses sparsame Gießen muß aber langsam vollzogen werden, so werden die Pflanzen schon ab Oktober immer weniger gegossen.
Als Substrat verwendet man eine normale Kakteenerde. Gedüngt wird in der Hauptwachstumszeit einmal vor der Blüte mit einem Kakteenspezialdünger.
Faucarien kann man durch Teilen älterer Pflanzen vermehren oder aber auch durch Aussaat.
F. bosscheana bleibt kleiner als andere Arten, besitzt gleichmäßig glänzende grüne Blätter. An den Rändern befindet sich ein knorpeliger weißer Streifen.
F. lupina hat spitz in die Höhe gerichtete, hellgrüne dickfleischige Blätter. Die Ränder sind weich gezähnt. Die gelben Blüten sind relativ groß.
Am bekanntesten ist der Echte Tigerrachen, *F. tigrina*, mit graugrünen, weißgepunkteten Blättern, deren eine Seite weit über die Spitze der Blätter herausragt. Die Ränder der Blätter haben weiße Zähne. Die gelben Blüten werden etwa 5 cm groß.
E. esculenta hat runde Sprosse, die alle rosettenförmig aus einer Mitte hervorkommen. Die Glieder sind dick und an den Enden abgerundet. Sie haben eine mehlig weiße Farbe und sind sehr dekorativ.

Faucaria tigrina **(links),**
Faucaria bosscheana **(rechts).**

Gasteria
Gasterie

Familie Liliaceae

Aus dem Süden Afrikas kommt diese schöne Pflanze, die im Zimmer ohne Probleme gedeiht. Die meisten Arten sind stammlos und stehen zweizeilig oder spiralig überlappend um die verdeckte Sproßachse. Sie sind dickfleischig und haben eine spitze Form. An den Blatträndern befinden sich keine Zähne oder Dornen, aber die Blattflächen sind je nach Art und Sorte verschieden mit weißen Punkten oder kleinen hellen Warzen ausgestattet. Darin liegt auch in der blütenlosen Zeit ihre Attraktivität. Die kleinen, roten oder rosa Blüten erscheinen an langen Blütenstielen aus den Achseln der Blätter und haben grüne Spitzen.
Als echte Sukkulente möchte die *Gasteria* das ganze Jahr über einen sonnigen Platz. Im Sommer kann man sie auch ins Freie stellen. Nicht zu häufig gießen, besonders im Winter nur sparsam benetzen. Dann sollte sie auch etwa kühler stehen, um 10 °C ist richtig. Als Substrat kann man leichte Kakteenerde verwenden. Vermehrt werden Gasterien durch Abtrennen der Ableger, die sich reichlich bilden.
G. acinacifolia hat 35 cm lange Blätter von tiefdunkelgrüner Farbe. Auf den Blättern befinden sich unregelmäßig weiße Flecken.
G. caespitosa besitzt zweiteilige Blätter, die etwa 15 cm groß werden. Die weißen Flecken sind zu Querbändern zusammengeflossen, was dieser Pflanze ein besonders dekoratives Aussehen verleiht. Diese Art bildet unzählige Kindel.
G. maculata hat 20 cm lange Blätter, deren Oberseiten gewölbt sind, die Unterseiten bleiben flach. Die Pflanze wird durch das Aufwärtswachsen zumeist höher als die anderen Arten. Die dunkelgrüne Farbe der Blätter wird durch weiße Ränder und weiße Flecken unterbrochen.
G. pulchra wirkt durch die zahlreich zusammenlaufenden weißen Flecken auf den Blättern fast weiß. Aber ihre Grundfarbe ist dunkelgrün. Die Blätter sind dreikantig und haben eine lange Spitze.
G. verrucosa, eine alte Zimmerpflanze, ist bereits seit 1700 bekannt. Sie hat kantige Blätter, die unterseits gewölbt sind und 20 cm lang werden. Die weißen, aufstehenden Warzen machen diese Art, die an sich dunkelgrün ist, oberflächenrauh.

Gasteria verrucosa.

Haworthia attenuata.

Haworthia

Haworthie

Familie Liliaceae

Diese Sukkulente sieht der *Gasteria* sehr ähnlich. Auch sie kommt aus dem Süden Afrikas. Es handelt sich hier um stammlose Blattsukkulenten. Die Blätter stehen dicht, sind spiralig oder mehrreihig gestellt. Es gibt auch dachziegelartig angeordnete Blattformen. Verschieden lang sind sie, laufen zumeist spitz aus und sind am Rand gezähnt oder bewimpert – im Unterschied zu den *Gasterien*, die immer glatte Ränder haben. Die kleinen Blüten erscheinen in Rispen und bleiben unscheinbar bläßlich rosa.

Haworthien möchten einen hellen Platz, sollten aber vor direkter Sonne geschützt stehen. Im Winter genügen den Pflanzen Temperaturen um 12 °C, allerdings sollte man dann auch weniger gießen. Aber sie überstehen den Winter auch bei normalen Zimmertemperaturen. Gegossen wird das ganze Jahr über nur dann, wenn die Erde vollständig abgetrocknet ist. Im Sommer dabei etwas reichlicher als im Winter.

Als Substrat sollte man eine gute Humuserde verwenden, die auch lehmige Bestandteile enthält. Gedüngt wird im Sommer alle drei Wochen einmal mit einem Kakteenspezialdünger. Vermehrt werden Haworthien durch die Ableger, die sich reichlich bilden. Auch Blattstecklinge lassen sich bewurzeln, wenn man sie einige Tage vor dem Einstecken in feuchtes Substrat an der Luft trocknen läßt.

H. attenuata bildet aus den spitz auslaufenden Blättern, dichte, riesig wachsende Rosetten. Die Blätter haben weiße höckrige Perlen, die sich unterseits zu Reihen ordnen.

H. fasciata hat 4 cm lange Blätter, die rückseitig stark gewölbt und reichlich mit weißen Warzen bedeckt sind. Oftmals laufen sie zu weißen Querbändern zusammen. Die Oberseite der Blätter ist dunkelgrün.

H. glabrata besitzt spitz auslaufende Blätter, die dicht mit rauhen Warzen bedeckt sind.

H. retusa hat Fensterblätter. Die Art bildet breite Rosetten mit eiförmig dreieckigen Blättern, deren obere Hälfte waagerecht wächst. Die Oberseite dieses waagerechten Endes ist durchsichtig und das Licht fällt zum unteren Teil, da nur die Blattseite Chlorophyll enthält.

Kalanchoe

Kalanchoe

Familie Crassulaceae

Diese artenreiche Gattung kommt in vielen Formen, als Strauch, als Liane, als Staude oder sogar als kleiner Baum in Südafrika, Madagaskar, Indien, Taiwan und Java sowie im tropischen Amerika vor.

Es ist fast unmöglich, sie mit einem gemeinsamen Merkmal zu belegen, so formenreich ist diese Gattung. Vielleicht möge das Merkmal, das Botaniker interessiert, zu erwähnen sein: Die Blüten sind nicht fünfzählig wie bei anderen Vertretern dieser Familie, sondern vierzählig. Doch das mag einen Pflanzenliebhaber für die Wohnung wohl nicht wichtig sein. Interessant ist auch das breite Farben- und Formenspektrum der Blüten: Es reicht von Weiß, Gelb, Grünlich über Orange, Rosa, Rot bis hin zu Violett. Viele Kalanchoen blühen im Winter, da einige Kurztagspflanzen sind und nicht so viele Tageslichtstunden zum Blühen benötigen. Als Substrat brauchen die Pflanzen eine leichte, aber zugleich humose Erde. Kalanchoen stehen gern hell, einige vertragen aber auch Halbschatten. Andere wiederum kommen gut mit praller Sonne zurecht.
Vermehrt werden die Pflanzen durch Aussaat, durch Kindel, durch Blattstecklinge oder, wie bei den Arten der ehemaligen Gattung *Bryophyllum*, die jetzt zu *Kalanchoe* gehört, durch selbstabwerfende Kindel.
Am bekanntesten ist wohl *K. blossfeldiana*, das Flammende Käthchen. Sie ist eine unermüdlich blühende Zimmerpflanze, die in der Sonne ebenso gut gedeiht, wie im Schatten. Ihre kleinen, zu dichten Trauben stehenden, leuchtenden Blüten haben durch Neuzüchtungen Farbenvielfalt erworben: In allen Rot-, Gelb-, Orange- und Violettnuancen wirbt diese kleine Pflanze um Bewunderer.
K. daigremontiana gehörte

Kalanchoe-Arten.

früher zur Gattung *Bryophyllum* und kommt aus dem Südwesten Madagaskars. Sie wird 50 cm hoch und bekommt bis 15 cm lange, dreieckige Blätter mit langer Spitze und gekerbt gezähnten Rändern. An ihnen sitzen die Brutpflänzchen. Unterseits sind die Blätter grauweiß marmoriert. Diese *Kalanchoe* zeigt im Winter einen reichlich verzweigten Blütenstand mit unscheinbaren grau-violetten Blüten.
K. manginii hat eine botanische Besonderheit aufzuweisen: Die Brutknospen entstehen im Blütenstand. Diese Art ist sehr dekorativ wegen ihrer zarten frischgrünen Blätter, die sich gut abheben, weil die verholzenden Stiele schwarz sind.
K. tomentosa hat filzig behaarte Blätter, sie ist auch unter dem Namen Katzenohren bekannt.

Lithops

Lebende Steine

Familie Aizoaceae

Wohl kaum eine andere Pflanzengattung kann solch eine vollkommene Anpassung an ihre Umwelt vorweisen, wie die *Lithops*. Denn sie sind nur schwer zu erkennen zwischen den Steinfeldern und Kieswüsten von Kapland und Namibia. Ihre Sprosse sind auf ein einziges Blattpaar reduziert. Bis auf eine Kerbe oder einen schmalen Spalt ist dieses Blattpaar zusammengewachsen und kegelförmig. Oberseits ist der Pflanzenkörper abgeflacht und an den Kanten abgerundet.
Lithops haben eine steinähnliche Farbe, ihre Varianz reicht vom Grau bis ins Bräunliche mit Punkten, Mustern und Flecken. Das Schöne an diesen winzigen Pflanzen – zumeist werden sie nur 3 cm hoch – sind auch die Blüten, die in Weiß und Gelb auch unter Zimmerbedingungen erscheinen. In der Ruhezeit ist von den Pflanzen fast gar nichts mehr zu sehen, sie ziehen völlig ein, sehen aus wie vertrocknet. Im Alter bilden *Lithops* regelrechte Polster. Sie haben dann eine starke Rübenwurzel.
Lithops mögen keine nahrhafte Erde. Viel Sand mit etwas Kakteenerde gemischt ist genau das Richtige. Denn werden sie zu gut ernährt, bilden sich massige Körper, die in Höhe ragen und sogar 20 cm hoch werden können. Sie sehen dann zwar interessant aus, blühen aber nicht.
Lithops brauchen unbedingt einen hellen bis sonnigen Platz. Auch im Winter dürfen sie nicht zu kühl stehen, unter 10 °C ist nicht empfehlenswert. Aber auch wärmer sollte diese interessante Sukkulente nicht aufgestellt werden, da sie in der Ruhezeit überhaupt nicht gegossen wird. Selbst in der Hauptwachstumszeit wird *Lithops* nur wenig befeuchtet.
Vermehrt werden die Pflanzen durch Aussaat, etwa ab dritten Jahr zeigen sich die ersten Blüten.
L. bella kommt aus Namibia, blüht weiß und hat einen

Kalanchoe tomentosa.

***Lithops*-Arten.**

gelblich-ockerfarbenen Körper mit dunkler Marmorierung, dem Granitgrus der Namibiawüsten angepaßt. Die Blüten öffnen sich im September.
L. comtonii hat etwa 4 cm breite Körper mit breitem Spalt. Die Maserung ist graugrün und oliv mit purpurnem Fenster. Die Blüten sind gelb.
L. turbiniformis blüht ebenfalls gelb und kommt vom Kapland. Die lehmbraunen, netzartig gefurchten Blätter gleichen dem rötlichen Lehm, auf dem diese Art wächst.

Pachypodium

Madagaskarpalme

Familie Apocynaceae

Diese Pflanze ist mit dem Oleander *(Nerium)* verwandt, was man vielleicht an den länglichen spitz auslaufenden Blättern erkennen kann.
Die Gattung kommt aus dem Süden Afrikas und wird auch »Dickfuß« genannt, weil diese Stammsukkulente in ihrer Heimat bis 10 m hohe Stämme bilden kann. Die Stämme sind mit starren Dornen besetzt. Die Blätter stehen gerade von den Stämmen ab und bleiben meistens als Schopf »palmenähnlich« an der oberen Spitze stehen. Sie fallen auch ab, was aber kein Manko ist, da *Pachypodium* bald wieder neue Blätter treibt.
Pachypodium blüht unter Zimmerbedingungen nur selten, da sie erst im hohen Alter bei entsprechender Größe blühen. Die Blüten sind weiß, rot oder rosa. Die Madagaskarpalme möchte einen hellen, aber keinen vollsonnigen Platz. Wichtig ist, daß

sie stets warm steht und nicht zu reichlich gegossen wird. Längere Trockenzeiten sind jedoch nicht günstig. Auch im Winter sollte sie mäßig warm stehen. Als Substrat braucht sie eine lockere und humusreiche Erde. Im Sommer kann man der Pflanze alle zwei Wochen einen Kakteendünger verabreichen. Werden die Blätter schwarz, sind zumeist die Bodentemperaturen zu niedrig und die Wassergaben zu reichlich. Vermehrt wird *Pachypodium* durch Aussaat. Die wohl schönste Art ist *P. baronii* aus dem Norden Madagaskars. Sie hat kugelige, bis 20 cm dicke Sproßknollen, die in einen sich nach oben verjüngenden Stamm übergehen. Der Stamm bringt auch Seitenäste und ist mit Narben versehen. Die Blätter sitzen in Rosetten an den Triebspitzen, sind oval, oberseits dunkelgrün und unterseits filzig. Die Dornen erscheinen paarig an dem Stamm. Die Blüten sind rot. *P. geayi* kann bis zu 8 m hoch und werden. Für das Zimmer eignen sich nur Jungpflanzen, sie haben einen etwa 5 cm dicken Stamm mit silbergrauer, bedornter Oberfläche. Die Dornen erscheinen zu dritt aus Blattwarzen. Die Blätter werden 30 cm lang und stehen als Rosette auf der Triebspitze. Ihre Oberseite ist silbrig, unterseits sind sie rötlich gefärbt. Die Blüten sind relativ klein und weiß. *P. lamerei* aus dem Süden und Westen Madagaskars hat keinen verzweigten Stamm, sondern bildet Äste. Die Blätter werden 20 cm lang. Die Blüten sind weiß.

Pachypodium baronii (links), _Pachypodium lamerei_ (rechts).

Sedum

Fetthenne

Familie Crassulaceae

Nahezu überall auf der Welt gibt es *Sedum*-Arten; diese Gattung ist die artenreichste der Familie *Crassulaceae.* Für das Zimmer eignen sich auch die nicht winterharten Arten. *Sedum* braucht einen hellen bis sonnigen Platz. Im Winter möchten die Pflanzen etwas kühler stehen, 15 °C sind ausreichend. Dann wird auch nicht so reichlich gegossen. Auch im Sommer sollte man es nicht zu gut mit dem Gießen meinen.

Als Substrat verwendet man eine nährstoffreiche, aber zugleich sandhaltige Erde. Umgetopft wird aller zwei Jahre. Aber Vorsicht, die Triebe brechen wie Glas! *Sedum* läßt sich durch Stecklinge oder auch durch Ausaaat vermehren.

S. sieboldii kommt aus Japan. Es hat kreisrunde blaugrüne Blätter, die in Quirlen zu dritt an überhängenden Zweigen sitzen. Die rosa Blüten öffnen sich im Oktober, danach stirbt die Pflanze oberirdisch ab und treibt im Frühjahr wieder aus.

S. × *rubrotinctum* aus Mexiko hat auch Blattquirle, doch sind diese rot gefärbt. Blühend sieht man diese Pflanze fast selten.

S. nussbaumerianum kommt ebenfalls aus Mexiko und hat einen aufrechten Trieb, dessen Blätter breit kammförmig oben flach und hohl sind. Die ganze Pflanze ist blaßgrün und hat an den Blattenden rötliche Ränder.

Sedum morganianum.

Diese Art blüht ebenfalls sehr selten.

S. morganianum aus Mexiko ist als Ampelpflanze besonders gut geeignet, die Blätter ähneln einer Walze, sind spitz und blaß bereift. Sie blüht kaum.

Senecio

Kreuzkraut

Familie Compositae

Hier soll nicht über die sogenannte Aschenblume geschrieben werden, sondern vielmehr über die vielen sukkulenten Arten der Gattung *Senecio.* Sie sind sehr vielgestaltig, können Sträucher werden oder auch reizende Ampelpflanzen bzw. Bodendecker als Unterpflanzung

Senecio kleinia.

unter großen Zimmerpflanzen darstellen. Die Blüten erscheinen in Doldentrauben, sind aber als Zierde recht unbedeutend. Diese Pflanzen möchten einen sehr hellen Platz, allerdings sollten sie vor der prallen Sonne geschützt stehen. Als Substrat bevorzugt *Senecio* eine nahrhafte, aber zugleich durchlässige Erde. Es ist deshalb günstig, humusreiche Blumenerde mit etwas Sand anzureichern.
Das ganze Jahr über sollten die Pflanzen warm stehen. Im Winter allerdings reichen 15 °C aus. Die Ruhezeit beginnt bereits im September, dann mit dem Gießen sehr sparsam werden. Im Sommer sollte man auch erst dann gießen, wenn die Erde völlig abgetrocknet ist. Das muß man bedenken, wenn man die Pflanzen über Sommer ins Freie stellt, was man durchaus tun kann. Allerdings sollten die Töpfe dann einen Regenschutz bekommen, falls Dauerregen angesagt ist. Denn wenn die sukkulenten *Senecio* zu viel Wasser aufnehmen, kann es vorkommen, daß ihre dickfleischigen Triebe oder Blätter platzen, auch können sie schlichtweg faulen.
Vermehrt wird *Senecio* aus Samen oder aus Stecklingen, die nach kurzem Abtrocknen an der Luft leicht bewurzeln. Die Stecklinge nicht gleich in feuchtes Substrat stecken. Erst nach einigen Tagen den Topf mit den frischen Stecklingen befeuchten.
S. anteuphorbium ist ein bis 80 cm hoher Strauch mit Ästen, die lange, spitz auslaufende Blätter haben. Die Blätter sind von graugrüner Farbe. Diese Art ist im südlichen Marokko und in Südafrika beheimatet.
S. haworthii bildet 30 cm hohe Büsche mit vielen, stark verzweigten Ästen.
Die Blätter erscheinen nur vereinzelt und richten sich so aus, daß ein jedes Blatt Licht bekommt. Die Sproßteile sind violett und mit Blattnarben bedeckt. Die Blüten sind gelb. *S. harworthii* stammt aus Südafrika.

S. kleinia kommt von den Kanarischen Inseln und war früher eine Gattung *Kleinia* für sich allein. Die silbergrauen Blätter zieren einen sich quirlig verzweigenden Strauch. Die Blätter stehen wie Rosetten an den Treibenden, hinterlassen beim Abfallen Narben, was aber interessant aussieht. Die Blüten sind gelb und bilden dichte Dolden.

Stapelia

Aasblume

Familie Asclepiadaceae

Eine überaus übelriechende, aber sehr dekorative Blüte entwickelt diese afrikanische sukkulente Pflanze. Durch den aasähnlichen und kotartigen Gestank werden Schmeiß- und Aasfliegen angelockt, die in der Blüte die Bestäubung vornehmen. Die Blüte ist fünfteilig und oftmals riesengroß, meistens bedeckt sie die ganze Pflanze. Sie ist fein behaart. *Stapelia* entwickelt verzweigte graugrüne Sprosse, die höckerige Ränder haben. Sie wachsen teils aufrecht, teils hängen sie herab. Stapelien wurzeln flach und gedeihen deshalb gut in Schalen oder Hängekörben. Als Substrat verwendet man nährstoffreiche Erde, die mit Sand gemischt wurde, um die Wasserführung zu erleichtern. Auf das Substrat sollte man noch eine feine Kiesschicht streuen, damit aufliegende Triebe nicht feucht werden, denn dann beginnen sie zu faulen. Stapelien brauchen wenig Wasser und wenn man sie gießt, so sollte man dies mit viel Feingefühl tun, am besten von unten. Im Winter wird die Pflanze bei etwa 8 °C gehalten und so gut wie gar nicht gegossen. Bleiben sie im warmen Raum, bilden sie keine Blüten.
Die Pflanzen wollen einen hellen, aber keinen vollsonnigen Platz am Fenster. Im knospigen Stadium dürfen Stapelien keine Zugluft bekommen, weil sich sonst ihre Blüten nicht öffnen. Die Vermehrung ist denkbar einfach, man braucht nur einige gut entwickelte Sprosse abzubrechen, einige Tage an der Luft trocknen und dann in sandiger Erde zum Bewurzeln bringen. *Stapelia* läßt sich auch durch Aussaat vermehren, es dauert aber länger, bis sie zum Blühen kommt.
S. desmetiana hat weich behaarte kleine Stämmchen. Die Blüten sind außen grün-rötlich und weich behaart und innen braun und rot mit Querzeichnung versehen. Sie wird 7 cm groß.
S. gigantea hat riesige Blüten, die bis 35 cm groß werden. Die Blüten sind hellgelb und haben eine rote Zeichnung.
S. grandiflora hat fast schwarze Blüten, die rötlich schimmern und runzelig erscheinen. Die Rückseite der Blüten ist blaugrün. Die 30 cm hohen Sprosse erinnern in der Form an Keulen. Sternförmige Blüten hat die Art *S. pillansii*, sie werden 12 cm groß und sind innen und außen rot gefärbt.

Stapelia grandiflora.

Pflegekalender

Januar

Temperatur bei den Kakteen und anderen Sukkulenten im Winterquartier kontrollieren. Sehen einige Pflanzen schlecht aus, nochmals unter »Porträts« nachschlagen, ob die Pflanze bei der richtigen Temperatur steht. Ruhig mal frische Luft ins Winterquartier hereinlassen, aber zuvor die Pflanzen mit etwas Pappe oder Papier abdecken, damit die kalte Frostluft keinen Schaden anrichtet.

Februar

Die Kakteen und anderen Sukkulenten können wieder einmal etwas Wasser gebrauchen, aber wenig befeuchten und erst zum Monatsende das erste Mal richtig gießen. Bei Überwinterung im Keller auf Asseln und Schnecken achten.
Sollte die Sonne schon stärker scheinen, auf jeden Fall die Pflanzen mit Seidenpapier abdecken, denn sie sind es nicht gewöhnt und bekommen leicht Brandflecke.

März

Jetzt kann man wieder öfters lüften, reichlicher gießen und einige Arten umtopfen. Als erste Arbeit sollte man aber alle Pflanzen mit lauwarmen Wasser abbrausen, um den Winterstaub zu entfernen. Zum Abtrocknen werden sie einige Stunden warm gestellt. Man darf nicht erschrecken, wenn die Kakteenkörper schrumplig aussehen, das macht nichts, sie erholen sich wieder.

April

Die Kakteen stehen nun wieder an ihrem richtigen Platz, sind frisch umgetopft und bekommen mehr Wasser. Man muß sie aber noch immer vor der prallen Sonne schützen, indem man sie in den Mittagsstunden, besonders an Südfenstern, abdeckt. Viel frische Luft kann man jetzt den Pflanzen geben. Nun ist auch der richtige Zeitpunkt, um die Aussaat vorzunehmen. Die ersten Kakteen beginnen mit dem Blühen.

Mai

Viele Kakteen stehen in voller Blüte und werden mit Kakteenspezialdünger einmal vorsichtig gedüngt. Das Gießen nicht vergessen. Einige Gattungen können nach den »Eisheiligen« auch nachts im Freien bleiben.

Beim Umtopfen großer Kakteen kann eine Decke hilfreich sein.

Jetzt ist auch die günstigste Zeit, um die Stecklingsvermehrung vorzunehmen, auch Pfropfen ist möglich. Und wer noch nicht im April ausgesät hat, kann dies durchaus im Mai noch tun. Die Kakteen und anderen Sukkulenten sehen jetzt wieder frisch und gesund aus.

Juni

Viele Gattungen der Kakteen blühen jetzt. Man kann es einmal versuchen, sie selbst zu bestäuben. Man nimmt einen Pinsel und transportiert den feinen Pollenstaub von einer Blüte auf die andere, auch auf ein anderes Exemplar der gleichen Gattung oder Art. Auch die Sämlinge sind nun aufgelaufen und werden vorsichtig das erste Mal

pikiert. Die Stecklingsvermehrung – besonders bei den anderen Sukkulenten – kann man fortsetzen. Alle Pflanzen werden jetzt in der warmen und trockenen Zeit besonders auf Schädlinge untersucht. Wolläuse stellen sich leicht ein.
An heißen Tagen die Pflanzen überbrausen – aber auf keinen Fall in der Sonne!

Juli

Behaarte Kakteen, wie beispielsweise *Selenicereus* staubfrei aufstellen. Die Pflanzen haben sich jetzt an das Sonnenlicht gewöhnt, mögen sie einen sonnigen Platz, so kann man sie ruhig in der Sonne stehenlassen. Im Zimmer reichlich lüften, denn Pflanzen auf dem Fensterbrett bekommen durch die Glasscheibe potenzierte Hitze, die ihnen nicht guttut. In diesem Monat kann man auch alle Kakteen und anderen Sukkulenten reichlich gießen. Auf Spinnmilben achten, die oftmals durch Gemüsebeete im Garten herangeweht werden.

August

Lüften, lüften und nochmals lüften! Denn die meisten Kakteen und anderen Sukkulenten brauchen viel frische Luft. Und darauf müssen wir besonders in dem heißen Sommermonat achten. Auch das Gießen darf nicht vergessen werden. Jetzt wird ein letztes Mal gedüngt, denn die Kakteen sollen ausgereift – also ohne zarte junge Triebe – ins Winterquartier gehen. Umgetopft wird nun nicht mehr.

September

Das Wichtigste ist wiederum, den Pflanzen viel frische Luft zu geben, denn sie werden dadurch widerstandsfähiger. Es wird nicht mehr gedüngt und das Gießen wird, sollte der Monat nicht sehr warm sein, auch etwas reduziert. Die Pflanzen werden gründlich nach Krankheiten und Schädlingen untersucht, aussortiert und behandelt. Auch den Topf austopfen und die Wurzeln kontrollieren. Bei Pflanzen, die im Garten standen, ist dies besonders wichtig. Unter »Porträts« nachlesen, welche Temperaturbereiche für welche Gattung zutreffend sind, damit der Winterstandort artgerecht vorbereitet werden kann.

Oktober

Die Pflanzen können voll in der Sonne stehen, sie sollten auch viel Frischluft bekommen – aber Vorsicht, falls nachts Fröste auftreten, dann nicht lüften! Auch sollte man die Pflanzen vor kalter feuchter Nebelluft schützen. Nicht düngen! Wenig gießen, das Wachstum der Pflanzen muß jetzt zum Abschluß kommen. Die meisten Pflanzen beziehen ihren Platz im Winterquartier.

November

So gut wie gar nicht gießen, nur an klaren und trockenen Tagen lüften. Der Winterstandort sollte möglichst hell sein. Winterblüher wärmer stellen und auch gießen.

Dezember

Wenig gießen, die Erde nur befeuchten. An klaren Tagen lüften. Das Winterquartier überprüfen, ob auch kein Frost eindringen kann, notfalls abdichten. Kakteen, die direkt an einer Fensterscheibe stehen, in kalten Frostnächten mit Pappe schützen.

Botanisches ABC

Areole sind gestauchte Achselsprosse bei Kakteen. Sie werden auch als Dornenpolster bezeichnet, weil zumeist aus ihnen die Dornen, Borsten und Haare wachsen. Hier entstehen auch Blüten und Seitentriebe (Ausnahme: *Mammillarien*).

Cephalium blütentragende Region, die starken Haarwuchs, viele Borsten oder wolligen Bewuchs hat.

Dimorph zweigestaltig, die jungen Pflanzen besitzen eine gänzlich andere Gestalt als die alten der gleichen Art.

Dornen bei den Kakteen umgewandelte Blätter, Wurzeln oder Sprosse, die fest mit dem Pflanzenkörper verbunden sind.

Epiphyten Pflanzen, die auf Bäumen wachsen, ohne aber wie Parasiten Nahrung aus den Bäumen zu nehmen. Sie halten sich mit Haftwurzeln an den Bäumen fest, manche besitzen auch Nährwurzeln bis zur Erde hinunter.

Flachwurzler Pflanzen mit dicht unter der Bodenoberfläche liegendem Wurzelsystem. Diese Wurzeln sind in der Lage – im Gegensatz zu den Tiefwurzlern mit sogenannter Rübenwurzel – den nächtlichen Tau aufzunehmen.

Kallus Wundgewebe, daß sich beim Verschließen von Wunden bildet.

Leitbündel Stränge aus Leitgeweben, die der Wasser- und Stoffleitung dienen.

Petalen innere Blütenblätter

Sepalen äußere Blütenblätter

Spaltöffnungen Öffnungen in der Außenhaut, sie dienen dem Gasaustausch und der Transpiration.

Melocactus.

Register